# Manuel d'autodéfense contre le harcèlement en ligne

# Manuel d'autodéfense contre le harcèlement en ligne

#dompterlestrolls

**STÉPHANIE DE VANSSAY**



DUNOD

Couverture et maquette intérieure : Hokus Pokus

Illustrations : Rachid Maraï

Crédits illustrations de couverture :

Troll ©Mikesilent/Fotolia.com – Piano : ©Guler/Fotolia.com

Mise en page : Soft Office



11 rue Paul Bert, 92240 Malakoff

www.dunod.com

ISBN 978-2-10-078794-4

*« Celui qui lutte contre les monstres, doit veiller à ne pas le devenir lui-même. Et quand ton regard pénètre longtemps au fond d'un abîme, l'abîme, lui aussi, pénètre en toi. »*

Nietzsche, *Par-delà le bien et le mal*, 1886.

# Table des matières

# Avant-propos

L'idée de cet ouvrage a mûri au fil des derniers mois pour plusieurs raisons…

Je suis professeure des écoles, détachée depuis quelques années dans un syndicat d'enseignants et hyperactive sur Twitter depuis 2010. Timide et réservée dans la « vraie vie » je suis beaucoup plus à l'aise à l'écrit. Twitter est donc pour moi un formidable outil de socialisation et de prise de confiance en moi. Sans avoir de plan préétabli, à force de partager et d'échanger sur cette plateforme, je me suis constitué un important réseau et ai rencontré « pour de vrai » de très nombreux contacts. Twitter est un facilitateur d'expression, de rencontres personnelles et professionnelles, un vecteur d'apprentissages et de découvertes, et un outil pour apprendre à mieux se connaître puisqu'on peut se relire et s'observer.

Passionnée par la pédagogie et préoccupée par les élèves en situation de handicap ou en difficulté scolaire, j'ai spontanément utilisé cet espace pour partager des astuces pour faire classe, mais aussi et surtout des réflexions de fond et mes valeurs en faveur de l'intégration et de l'émancipation de tous les élèves. Mon engagement syndical à partir de 2011 s'est donc inscrit dans ce que je tweete ; il n'en a pas changé le fond mais cela a coloré autrement mes propos pour certains lecteurs… Les trolls ont commencé à débarquer au moment de la réforme des rythmes scolaires en 2013, puis ils sont devenus nombreux et très agressifs avec la réforme du collège en 2016, avant de s'assagir quelque peu aujourd'hui. J'ai néanmoins encore une bonne tripotée de trolls récurrents collés à mes basques. Leurs motivations semblent être syndicales pour certains, mais pour beaucoup j'incarne surtout le « pédagogisme » ; vous savez le gros laisser-aller qu'on observerait à l'école depuis Mai 68, le niveau qui baisse, le laxisme… Profs pour la plupart, ils ne sont pas d'accord avec ma vision de l'École – ce qui est leur droit – mais ils ont décidé que moi, je n'avais pas droit à la parole sur Twitter. Je suis donc régulièrement dénigrée personnellement et professionnellement, insultée, moquée, parodiée et parfois menacée. Je ne rentrerai pas davantage dans les détails, mes trolls ne sont pas spécialement intéressants et mon cas personnel non plus, mais je donne ces précisions pour montrer quelle est mon expérience.

Quand les trolls « anti-pédago » sont arrivés sur Twitter, ils ne s'en sont pas seulement pris à moi mais aussi à de nombreux autres enseignants attachés aux pédagogies actives, intéressés par ce que le numérique change pour l'École, s'interrogeant sur le sens de la notation chiffrée ou attiré par des pratiques émergentes comme la « classe inversée » par exemple. J'ai alors vu des contacts devenir très agressifs, plus tranchés, entrer en guerre contre les trolls et ne plus partager autre chose ; d'autres ont fui Twitter ou ont cessé d'intervenir et de parler de ce qu'ils faisaient avec leurs élèves ; d'autres encore sont devenus prudents et consensuels, évitant soigneusement tout sujet qui pourrait faire réagir les trolls. Moi-même j'ai été, à un moment ou à un autre, tentée, aspirée, par ces changements de comportement mais je ne voulais pas renoncer à tout ce que Twitter m'apportait de positif. J'ai donc essayé au fil des mois de trouver comment gérer au mieux les trolls sans leur laisser le champ libre, tout en restant moi-même. Je me suis documentée sur les trolls, j'ai observé comment se débrouillent les autres – ceux qui arrivent à garder leur personnalité sans se laisser bouffer – et surtout, j'ai testé avec mes trolls les différentes attitudes qui me semblaient possibles. Étant parvenue à un certain équilibre dans ma gestion des trolls, j'ai eu envie de partager cette démarche tout en me lançant le défi d'écrire par la même occasion mon premier livre.

Cet ouvrage n'est pas un livre de règlement de comptes avec mes trolls, vous n'y trouverez pas raconté par le menu ce qu'ils m'ont dit, ni ce que j'ai répondu… ni aucune histoire « croustillante ». Par contre, il est parsemé de témoignages illustrant les nombreuses facettes des problèmes que posent les trolls et différentes façons d'y faire face.

Ce livre s'adresse à l'internaute « militant lambda » qui se retrouve confronté à des trolls « pénibles mais pas extrêmes » quand il s'exprime en ligne à titre personnel. Par « militant lambda », j'entends quelqu'un qui profite de sa présence en ligne pour partager des valeurs et/ou un combat sociétal, politique ou autre mais qui n'est pas une figure de premier plan d'une organisation. Si vous êtes une personnalité ou un community manager, le contenu de ce livre pourra vous être utile, vous donner des pistes mais il ne correspond pas exactement à votre situation. En effet gérer des trolls avec le compte officiel d'une entreprise ou en représentant une organisation politique demande la prise en compte d'autres facteurs qui ne seront pas abordés ici.

Si vous êtes confronté à un ou plusieurs trolls très virulents, si vous êtes victime d'un harcèlement massif et très douloureux pour vous, ce livre risque de ne pas pouvoir vous aider. N'hésitez pas à consulter un avocat et/ou un psychothérapeute pour être efficacement accompagné et soutenu.

Si vous êtes agacé par le « trolling ordinaire » dans vos échanges numériques, que cela vous fatigue, vous déprime, vous pousse à moins vous exprimer ou vous met hors de vous et que vous vous demandez comment contrer les discours haineux en ligne ; alors ce livre devrait vous apporter des pistes pour vivre cela plus sereinement et même en tirer avantage.

Si les trolls vous impressionnent, que vous n'avez pas encore été confronté directement à eux mais que cela vous inquiète, alors vous devriez trouver ici de quoi être rassuré sur votre capacité à faire face avec quelques clés de compréhension et des outils faciles à mettre en œuvre.

Cet ouvrage ne contient pas de recettes toutes faites mais compile des informations, des tentatives d'explications et des exemples d'actions possibles pour « dompter les trolls », ou plutôt pour savoir vous gérer vous-mêmes face à eux. En effet, ce livre ne vous aidera pas à faire changer les trolls – ne pas pouvoir évoluer fait partie de leurs caractéristiques – mais fera changer votre regard sur eux et vous montrera comment utiliser leur présence en ligne à votre avantage au lieu de la subir.

J'ai choisi d'employer le « nous » pour marquer le fait que « nous », les internautes imparfaits et parfois maladroits mais plutôt respectueux et bienveillants, sommes une immense majorité et que nous pouvons donc ensemble nous épauler et contribuer à faire des espaces numériques des lieux plus agréables à fréquenter.

Les éléments que vous trouverez dans ce livre sont valables pour tous les échanges en ligne sur les différents réseaux sociaux mais aussi dans les forums ou les commentaires d'articles. Les termes spécifiques sont explicités dans le texte lors de leur première utilisation, vous trouverez également un lexique à la fin de l'ouvrage avec des définitions précises.

# INTRODUCTION

Sur Internet on peut beaucoup plus facilement qu'IRL (*In Real Life*, c'est-à-dire « dans la vraie vie ») jouer avec son identité de façon consciente et inconsciente. S'exprimer en ligne c'est en quelque sorte s'écrire soi-même : on se choisit un pseudo, un avatar, on rédige une description de soi. On peut décider d'avoir une identité unifiée ou fragmentée, et plus ou moins proche de celle que l'on a « dans la vraie vie ». Nous investissons des espaces numériques, nous construisons des liens et… nous risquons de rencontrer des trolls !

Depuis la nuit des temps de l'Internet, tapis dans l'ombre, des « méchants » guettent leurs proies pour les agresser à coups de messages violents… Ce sont les fameux trolls ! Qui sont-ils, d'où viennent-ils et que veulent-ils ?

## Origines du nom troll

Il est communément admis deux origines à cette appellation. Le troll est un personnage de la mythologie nordique, incarnant les forces naturelles ou la magie, caractérisé principalement par son opposition aux hommes et aux dieux. Il est souvent représenté sous l'archétype moderne d'un géant de grande force, naïf ou malfaisant. La deuxième origine viendrait du verbe anglais « to troll » qui désigne une technique de pêche à la cuillère (c'est-à-dire avec un leurre). Ce verbe dérive peut-être du moyen français « troller, trôler », qui fait référence à des déplacements au hasard ou en vagabondant et s'applique à des techniques de chasse ou de pêche selon le CNRTL (Centre national de ressources textuelles et lexicales). En anglais, le terme *trolling* est employé pour la première fois avec le sens figuré de « cherche à provoquer des réactions » en 1972 par l'armée américaine. En 2017, le mot « troll » fait son entrée au

*Petit Larousse illustré*, où il est défini comme « un internaute qui empoisonne les débats sur internet avec des remarques inappropriées ou provocantes »[1].

Le mot troll dans son acception actuelle de créature sévissant sur Internet remonte aux années 1980-1990.

## TENTATIVE DE DÉFINITION

Définir le troll est très complexe et ne fait pas consensus à ce jour. Accuser quelqu'un d'être un troll est une façon de mettre fin à un échange en refusant au gêneur le statut d'interlocuteur valable. Mais le fait de « troller » est aussi utilisé comme justification par des internautes pour désigner des comportements insultants, diffamatoires et/ou harcelants. Il est donc très difficile de faire la part des choses entre ce qui relève de la figure du troll et ce qui relève « simplement » de comportements inappropriés ou abusifs…

Je vais néanmoins tenter d'éclaircir cela, d'abord avec quelques références triviales puis en m'appuyant sur les travaux du sociologue Antonio Casilli et du psychologue Yann Leroux.

### RÉFÉRENCES TRIVIALES

Pour moi le troll fait immédiatement écho à une bande dessinée de mon enfance, l'aventure d'Astérix intitulée *La Zizanie*[2]. Je l'ai récemment relue et c'est tout à fait ça ! Le troll intervient ici IRL, il se nomme Tullius Détritus et distille avec perfidie des propos apparemment innocents qui provoquent des disputes entre ses victimes sans qu'il ait l'air d'y être mêlé. Dans l'album,

1. *Petit Larousse illustré*, Larousse, 2017.
2. GOSCINNY René & UDERZO Albert, *La Zizanie*, Dargaud, 1970.

cela est matérialisé par des bulles de dialogue vertes qui se contaminent les unes les autres. Par ailleurs, dans l'aventure, il est question de « guerre psychologique » et pour moi c'est exactement ce que font les trolls : ils mènent une guerre psychologique en utilisant nos faiblesses contre nous, comme notre promptitude à nous indigner par exemple. Bref, ce Tullius Détritus, dans bien des aspects – y compris son nom – m'évoque beaucoup de caractéristiques des trolls auxquels nous pouvons être confrontés sur le net.

Une autre référence que je trouve très parlante est la citation suivante : « Discuter avec un troll, c'est comme essayer de jouer aux échecs avec un pigeon. Tu as beau être très fort aux échecs, il arrive, renverse les pièces, chie sur l'échiquier et s'en va avec l'air supérieur comme s'il avait gagné.[1] » Cela reflète fidèlement ce que l'on peut ressentir quand on pense avoir été pertinent dans notre réponse et que le troll envoie balader tout cela avec une pirouette à côté de la plaque tout en se déclarant vainqueur. Le pire dans ces cas-là, c'est que les personnes ne connaissant pas les règles du jeu d'échecs peuvent effectivement avoir le sentiment que le pigeon a été brillant. Cela montre bien comme il est vain de vouloir considérer le troll comme un interlocuteur valable, cela biaise le jeu dès le départ, comme si on acceptait de jouer aux échecs avec un pigeon. En fait, dès que l'on se rend compte que l'on a affaire à un troll, il faut agir en gardant à l'esprit qu'il est un troll et non quelqu'un avec lequel on peut échanger normalement.

1. Librement adapté d'après un commentaire sur Amazon.com

## Le point de vue du sociologue

Antonio Casilli définit ainsi le troll dans l'émission radiophonique *Place de la Toile*[1] : le troll est un personnage géant presque indestructible, avec une activité itérative (comportement qui se répète) et qu'on ne peut pas détruire une fois pour toutes. Il va à la pêche aux commentaires et aux convictions des autres pour y réagir de manière violente et avec mauvaise foi. Le troll actuel est spécifique du web participatif. Le troll n'est pas un individu mais un processus social.

En effet, Antonio Casilli précise dans un article de son site[2] qu'« on est troll pour provoquer des changements dans le positionnement des individus dans les réseaux. Parfois il s'agit de contester certaines autorités et hiérarchies qui se créent dans les forums de discussion ou dans les communautés en ligne – ces trolls sont là pour faire émerger de nouveaux contenus. [...] En vérité, les trolls, i. e. les commentateurs malveillants qui envahissent les fils avec des critiques souvent déplacées (et dans le seul but d'agacer), ont un véritable rôle structurant au sein de chaque communauté – et qui plus est sur Internet, où leur présence est permanente et démultipliée. » En effet, l'identification négative dont ils font l'objet permet aux autres membres de la communauté de s'identifier positivement entre eux, en faisant front contre un adversaire commun, ils font corps : « Face aux trolls, les autres sont porteurs de la norme sociale. »

---

1. France Culture, Place de la Toile du 23/04/2012, *Psycho-politique du troll*, www.franceculture.fr/emissions/place-de-la-toile/psycho-politique-du-troll

2. Casilli Antonio, *Pour une sociologie du #troll*, 24/03/2012 : www.casilli.fr/2012/03/24/pour-une-sociologie-du-troll/

Dans le même article il distingue quatre types de trolls :

- **Le troll « pur »** : le modèle de base, utilisateur bête et méchant des listes de diffusion ou des médias sociaux qu'il pourrit de commentaires désobligeants et mal adaptés au contexte d'interaction.
- **Le troll « hybride »** : un utilisateur qui combine son activité de troll avec des habiletés d'un autre type comme le *hack* (le détournement) ou le *fake* (la falsification).
- **Le troll « réciproque ou involontaire »** : c'est un cas de figure qui se concrétise dans une interaction en ligne dans laquelle plusieurs individus sont réciproquement convaincus que « les trolls ce sont les autres », ils s'expriment alors sincèrement et ne se rendent pas compte qu'ils trollent eux-mêmes.
- **Le troll « revendicatif »** : un usager mécontent d'un produit ou d'un service, qui manifeste sa frustration en bombardant de messages décalés ou agressifs le site web ou la page Facebook d'une entreprise.

Nous avons donc là un troll qui est une émanation du groupe, certes désagréable mais socialement utile, car il peut éviter au groupe de « ronronner », de vivre sur ses acquis et il crée de la cohésion contre lui. C'est même son action qui permet au groupe de fixer la norme de ce qui est acceptable ou non. Au-delà de ces aspects, le troll contribue à définir la communauté et l'aide même parfois à vivre.

## Le point de vue du psychologue

Dans sa thèse, Yann Leroux, psychologue clinicien, définit ainsi les trolls : « On appelle "troll" la personne qui poste des messages visant à provoquer des querelles sans fin. Le troll agit généralement dans la sphère des idéaux du groupe, soit qu'il les attaque frontalement (propos homophobes sur un groupe consacré à l'homosexualité, par exemple) soit qu'il en expose les limites en les poussant à bout. Cette agitation fait revivre au groupe des angoisses archaïques. Ce que le troll attaque, c'est le lien groupal. Ses armes sont la prolifération, la multiplication, le refus de toute historicité, la confusion des identités, et l'effraction des enveloppes. »[1]

Yann Leroux nous explique comment le troll agissait sur Usenet (l'ancêtre de nos forums et réseaux sociaux d'aujourd'hui) : « Si le groupe se donne des règles de civilité, il se dote également d'un personnage transgressif : le troll. On nomme ainsi les personnes dont le but, dans un groupe de discussion, est de créer le plus de désordre possible. La méthode est simple : il suffit de poster un sujet polémique, et il se trouvera toujours quelqu'un pour s'en alarmer et essayer de faire entendre raison au troll. Le but du troll est de faire durer la discussion, de l'emporter au-delà de l'objet du groupe, voire de "polluer" d'autres groupes avec la querelle, attirant les remarques et l'agacement d'un nombre croissant de personnes. Du point de vue du troll, l'idéal est que tout le groupe de discussion s'en mêle, flambe, et emporté par l'agressivité, se déchire et finalement explose. »[2]

Plus loin, il précise ce que l'on peut déduire des motivations du troll :

- La recherche de l'attention du groupe
- Le goût du jeu avec le groupe
- L'effet domino : avoir le plus grand effet possible pour la plus petite action

1. Leroux Yann, *Psychodynamique des groupes sur le réseau internet*, sous la direction de Serge Tisseron, 2010, p 172.
2. Leroux Yann, *Psychodynamique des groupes sur le réseau internet*, sous la direction de Serge Tisseron, 2010, p 188.

- Le plaisir de la transgression
- Faire perdre du temps aux autres
- La haine, Internet offre des occasions de décharge avec une impunité presque totale

Selon moi, on pourrait déduire de ces caractéristiques des modes d'actions possibles pour résister au troll ou au contraire aller dans son sens :

- Lui accorder le moins d'attention possible (ou beaucoup de sollicitude pour l'apaiser)
- Ne pas jouer avec lui (ou tirer le jeu à notre avantage)
- Ne pas le laisser avoir des effets sur nous (ou au moins éviter de lui montrer qu'il en a)
- Lui imposer des limites : rappels à la bienséance, à l'éthique, à la loi, blocage, bannissement (ou au contraire ne pas réagir quand il nous provoque)
- Ne pas perdre du temps pour un troll ou à cause de lui (ou décider de lui en consacrer)
- Ne pas alimenter sa haine par la nôtre (et/ou accepter d'être l'objet symbolique de sa haine)

Les motivations des trolls se rangent pour Yann Leroux en trois grandes catégories : le narcissisme, la recherche de l'interactivité et la mise en œuvre de la destructivité et du lien tyrannique.[1] Ils ont des traits de personnalité les prédisposant à rentrer dans une de ces catégories, et la situation de groupe, ici en ligne, déclenche leurs activités « trollesques ». Yann Leroux a le sentiment que le troll, rare autrefois, est aujourd'hui omniprésent, probablement du fait d'un manque d'éducation des « digiborigènes », c'est-à-dire les humains qui peuplent la planète numérique.

1. *Ibid.*, p 231-232.

On voit bien ici que les visions du psychologue et du sociologue, bien que différentes, sont tout à fait compatibles. Il peut être très tentant de « psychopathologiser » le troll, ce que Yann Leroux se garde évidemment de faire, car la personne physique et psychique qui joue un rôle à travers le troll ne peut être confondue avec lui. En effet, on ne peut pas déduire d'un comportement dans un espace en ligne toute la complexité d'une personne... Seule une analyse par un professionnel, prenant en compte toute la personne, pourrait nous éclairer sur la façon dont son rôle de troll sur le net, à un moment donné, s'inscrit dans sa problématique singulière.

En 2014, une étude canadienne[1] « Trolls just want to have fun » a fait des liens entre les attaques « gratuites » des trolls et des traits comme le machiavélisme, le sadisme et une dimension psychopathe. La bonne nouvelle de cette étude est que seuls 5,6 % des sondés auraient un profil de troll. Néanmoins ces résultats sont à prendre avec de grandes précautions car il s'agit d'un échantillon de 1 200 internautes recrutés par le biais de Mechanical Turk (un service de micro-travail en ligne) qui ont donc été payés pour répondre au questionnaire.

## La définition que nous allons retenir pour cet ouvrage

De façon non scientifique, uniquement basée sur mon expérience personnelle et mes observations, je vous propose de retenir la définition suivante :

1. Buckels, E. E., *et al.*, "Trolls just want to have fun", *Personality and Individual Differences*, 2014.
Œillet, Audrey, « Sadiques et psychopathes : les trolls du web au cœur d'une étude », *Clubic*, 17/02/2014, disponible sur www.clubic.com

On peut considérer qu'on a affaire à un troll s'il réunit la moitié (onze ou plus) de ces caractéristiques[1] :

- Il est anonyme
- Il fait semblant d'être naïf, « joue au con »
- Il multiplie les messages et peut en enchaîner plusieurs à la suite, sans attendre d'avoir eu des réponses
- Il nous accuse de manquer d'humour
- Il est très susceptible
- Plus de la moitié des messages qu'il poste sont critiques et/ou violents
- Il est cynique
- Il est agressif
- Il s'attaque non seulement à nos idées mais aussi à notre personne (notre métier, notre qualité, notre genre, notre origine, notre physique...)
- Il s'adresse très souvent à des gens pour leur dire qu'il n'est pas d'accord avec eux
- Il se moque de façon récurrente des erreurs de frappe, d'orthographe, de syntaxe
- Il insulte facilement
- Il est provocateur, aime choquer
- Il n'expose pas ses actions ou activités personnelles mais critique celles des autres
- Il mène des combats d'arrière-garde
- Il ressort régulièrement d'anciens messages de ses interlocuteurs pour prouver leur manque de cohérence
- Il est tenace et insiste même si nous sommes silencieux ou avons tenté de mettre fin à l'échange
- Il attire d'autres internautes qui sont agressifs avec nous à leur tour (effet de meute)

---

1. Vous trouverez une version numérique de ce test sur le blog compagnon du livre www.dompterlestrolls.fr

- Il se sent au-dessus des lois et/ou nie les transgressions flagrantes qu'il commet
- Il répond très souvent à côté de la question
- Il surinterprète tout
- Il accumule les biais de raisonnement[1]

Attention, aucune de ces caractéristiques à elle seule ne peut définir un troll, c'est leur cumul qui détermine un comportement trollesque.

## Ne pas confondre les trolls avec les autres créatures du net

Attention, toute personne qui n'est pas d'accord avec nous, qui se montre désagréable, n'est pas forcément un troll, qualifier ainsi quelqu'un c'est le disqualifier ! Néanmoins, un troll, accusé d'être un troll, niera évidemment en être un… pas simple !

Vous avez dû entendre parler des *haters*, des *flamers*, des *flooders*, des spammeurs, des cyber-harceleurs… et autres créatures maléfiques dont regorge le web. On y croise aussi plus prosaïquement des racistes, des homophobes, des intégristes et intolérants de tous poils !

Les *haters* sont ceux qui adorent détester, les *flamers* ceux qui mettent de l'huile sur le feu pour faire dégénérer une discussion, les *flooders* nous inondent de posts répétitifs et/ou hors propos, les spammeurs glissent des messages à des fins publicitaires et les harceleurs tourmentent leurs victimes par une multitude de petites agressions répétées dans le temps. La

1. Voir le lexique et le chapitre Comment répondre aux trolls, la partie « Que dit-on au troll ? ».

plupart des trolls agissent sur un mode évoquant celui de certaines de ces catégories, il est donc parfois compliqué de les distinguer. Il y a clairement des trolls *haters*, des trolls harcelants et des trolls qui ont un don pour faire dégénérer un échange en pugilat. Par contre tous les propos haineux ne sont pas dus aux trolls, certains internautes peuvent avoir des propos racistes par exemple sans se comporter le reste du temps comme des trolls. En fait, comme nous le verrons dans la dernière partie de cet ouvrage, le discours de haine sur le web est loin de se résumer à l'action des trolls.

### Exercice

**En utilisant les critères de la partie « La définition que nous allons retenir », repérez parmi vos interlocuteurs désagréables ceux qui pourraient rentrer dans la catégorie des trolls.**

**Attention, néanmoins à ne pas les traiter de trolls pour autant, ils pourraient mal le prendre !**

## ESSENTIELS À RETENIR

- La définition du troll est complexe et ne fait pas consensus.
- Le troll cherche à provoquer des réactions, il a souvent des comportements agressifs, inappropriés, harcelants ou abusifs.
- Le troll n'est pas un individu psychologiquement malade mais un phénomène social.
- Le troll est utile.
- Attention de ne pas qualifier trop vite un débatteur de troll, toute personne désagréable n'est pas forcément un troll.

# 1

# Qui sont les trolls ?

« Les trolls se reproduisent à l'ombre des ponts que nous construisons. »

Stephen Marche[1]

1. Marche, Stephen, "The Epidemic of Facelessness", *The New York Times*, 14/02/2015.

Étant donné qu'ils sont cachés derrière leur écran et le plus souvent anonymes, il semble impossible de savoir qui ils sont vraiment. Le photographe norvégien Kyrre Lien nous donne néanmoins un aperçu du vrai visage des trolls grâce à son projet The Internet Warriors[1]. Il a parcouru le monde pendant trois ans pour aller à leur rencontre, les a photographiés et interviewés. En pleine lumière, le troll est on ne peut plus banal. C'est Monsieur et Madame tout le monde : le voisin, la concierge, le collègue, le beau-frère... Il est métallurgiste, étudiante, mère au foyer, en invalidité ou employé. Dans son échantillon, il y a trois fois plus d'hommes que de femmes, mais la virulence des propos de ces dernières n'a rien à envier à celle de leurs homologues masculins. Robert, 50 ans, qui vit en Angleterre, défend ses droits qu'il estime menacés par les immigrés ; Simone, 55 ans, qui vit en Allemagne, milite pour les droits des animaux mais consomme de la viande ; Ashleigh, 21 ans, du Pays de Galles a traité Lady Gaga de « *grosse salope exhibo* » sur Twitter et a écrit que Daesh devrait tuer David Cameron, mais elle ne pense pas être un troll, juste quelqu'un qui a des avis tranchés... Voir l'humain derrière le troll le rend plus pathétique qu'inquiétant, ce qui explique probablement en partie pourquoi ils n'aiment pas se montrer ni s'exposer. Comme pour les vampires, la lumière les paralyse et leur enlève leur pouvoir effrayant.

1. Lien, Kyrre, *The Internet Warriors* (site en anglais) : https://theinternetwarriors.com et *The Internet Warriors*, Visual Curry, 2015 (livre en anglais).

J'ai eu l'occasion de voir physiquement un des trolls qui s'en prend régulièrement à moi, se cachant sous un pseudo et derrière un avatar, cela a eu un effet radical : il a immédiatement cessé d'être effrayant. Le voir si ordinaire et si peu à l'aise dans sa prestation orale lui a fait perdre l'aura mystérieuse et inquiétante qu'il avait à travers ses messages cyniques et insultants. Maintenant, il me fait plutôt de la peine et ses interventions ne déclenchent plus chez moi de la crainte, ni même de la colère, mais presque de la compassion.

## La question de l'anonymat

La plupart des trolls sont anonymes et c'est logique puisque l'anonymat facilite la désinhibition. Mais il y a des exceptions, un troll peut aussi agir sous sa vraie identité.

L'anonymat sur le net n'est pas une bonne ou une mauvaise chose en soi, tout dépend de ce que l'on en fait. À première vue il pourrait sembler que la levée de l'anonymat soit une solution au problème des trolls mais ce n'est pas si évident que cela. Permettre l'anonymat c'est aussi libérer la parole, autoriser plus de créativité, contourner la censure. La possibilité de l'anonymat est indispensable à la liberté d'expression même si elle a aussi ses effets pervers. Il faut aussi distinguer l'anonymat « simple » où ne sait pas du tout à qui on a affaire et le pseudonymat qui consiste à utiliser le même « pseudo » dans différents espaces ce qui permet de construire une identité numérique cohérente et permanente sans exposer son identité officielle. C'est le cas par exemple du célèbre Maître Eolas, un avocat, il s'exprime sous ce pseudonyme sur son blog et plusieurs réseaux sociaux. Cela pallie un gros inconvénient de l'anonymat qui est de rendre moins crédible ce qui est dit puisqu'il n'y a pas besoin de l'assumer en quelque sorte. Si Maître Eolas se met à dire n'importe quoi de façon désordonnée et incohérente, il n'expose certes pas sa véritable identité auprès de ses clients par exemple, mais il met en jeu la crédibilité de son blog dans lequel il a investi du temps depuis de nombreuses années, et aussi bien sûr sa réputation en ligne.

Un anonyme peut très facilement se permettre de dire n'importe quoi sans que personne ne puisse vérifier et sans qu'il ait à répondre un jour des conséquences (sauf levée d'anonymat sur injonction judiciaire). Or, pour avoir une influence en ligne, même modeste dans son domaine, il faut pouvoir être reconnaissable, s'appuyer sur une réputation et diffuser des messages clairs et cohérents.

De mon point de vue, sauf dans des contextes particuliers où l'on est bridé dans sa légitime liberté d'expression, s'exprimer en ligne sous sa vraie identité est beaucoup plus intéressant. C'est exigeant mais cela pousse naturellement à avoir de la clarté et des nuances dans son expression. De plus, cela ouvre de nombreuses possibilités de rencontres IRL, d'opportunités professionnelles ou militantes et associatives, dont il serait dommage de se priver. La solution d'un pseudonyme, que l'on peut toujours lever au moment où cela nous semblera opportun est un bon entre-deux qui permet de ne pas s'exposer trop directement tout en ayant de vraies possibilités de saisir les éventuelles opportunités qui se présenteront.

Et les trolls non anonymes, comment font-ils ? Et bien je l'ignore mais certains sont manifestement inconscients et se croient au-dessus des règles, ils courent à tout moment le risque que ce qu'ils diffusent de violent leur nuise personnellement, professionnellement ou judiciairement. D'autres restent dans les limites de la loi et semblent assumer de s'afficher sur les réseaux avec un comportement de troll. Ce qui est certain c'est que cela a forcément un impact sur l'image qu'ils donnent d'eux-mêmes.

L'immense majorité des trolls opte pour l'anonymat et ils sont très contrariés quand on leur fait remarquer que cela est peu courageux de s'en prendre ainsi aux autres sans assumer leurs propos au grand jour. S'il échange beaucoup, l'anonymat du troll se fissure souvent car par recoupements on peut assez facilement déterminer de qui il s'agit : il évoque sa ville, son métier, sa participation à un événement... On peut alors savoir qu'il est exactement, ou au moins d'avoir une idée assez précise de son profil.

Enfin, rappelons que l'anonymat ne protège pas d'éventuelles poursuites judiciaires, un juge peut tout à fait dans le cadre d'une procédure demander l'identification du troll qui ferait l'objet d'une plainte. Ceci dit les plaintes sont rares, longues et coûteuses à mener à terme pour la victime (*cf.* partie « repères juridiques », page 175) et cette étape d'identification ralentit encore leur traitement.

## Les armes du troll et ses fragilités

Selon mon expérience et mes observations, le troll utilise son aplomb pour provoquer la sidération : propos odieux, humour cynique, affirmations péremptoires... Il est un roc et semble tout assumer, même l'inacceptable ; cependant, n'oublions pas qu'il est très souvent caché derrière un pseudo et donc n'assume en réalité pas grand-chose. Le troll fait preuve d'une grande ténacité, qui peut impressionner sa victime, mais qui est surtout due au fait qu'il tient un « objet » et ne peut pas le lâcher. Le troll existe en trollant, donc lâcher prise ne fait pas partie de ses options et il tombe très vite dans le harcèlement. Enfin il utilise la tyrannie pour avoir un ascendant, un sentiment de pouvoir et de domination : il peut tout dire (juger, condamner, insulter, diffamer), il ne risque rien, il est inatteignable... du moins tant que cela reste en ligne et que personne ne porte plainte contre lui.

Ces armes ne sont pas forcément mises en œuvre de façon consciente, des réactions de trolls passés en justice tendent même à montrer qu'ils n'ont pas du tout, ou pas totalement, conscience de ce qu'ils provoquent chez leurs victimes. Au fond, les trolls se sentent sûrement impuissants, incompris, jaloux... et ils tentent de lutter contre ces ressentis inconfortables en trollant, comme quelqu'un qui n'ayant pas confiance en lui peut paraître arrogant en tentant de se donner une contenance.

Le troll déstabilise, peut faire souffrir, mais au fond c'est lui qui est dans la position la plus inconfortable. Quand il est mis face à ce qu'il a fait, aux conséquences de ses dérapages il est déstabilisé et se réfugie dans des justifications du type « c'était pour rire », « j'ai juste trollé », « je ne savais pas que [ma victime] pouvait mal le vivre »... J'ai assisté à une audience où deux personnes étaient poursuivies pour « appel au viol » et « appel au meurtre » en ligne et j'ai constaté que ces « explications », qui semblaient sincères de la part des prévenus, n'ont pas du tout trouvé écho auprès du juge. Ces deux hommes paraissaient sidérés d'avoir été identifiés et d'être poursuivis pour des propos tenus sur Internet, comme si ces derniers n'étaient pas « réels ».

## Pourquoi les trolls se permettent-ils sur le net ce qu'ils ne feraient pas ailleurs ?

On rejette de plus en plus, et à raison, le qualificatif de « virtuels » concernant les espaces en ligne. En effet, ils sont une prolongation de la « vraie vie » et n'ont pas moins de réalité qu'elle, mais possèdent néanmoins des caractéristiques particulières qui ont un impact sur notre façon d'y interagir. Le psychologue américain John Suler[1] a étudié la question et a relevé six effets caractéristiques de la communication en ligne provoquant de la désinhibition. Bien entendu ces effets nous concernent tous, ils ne touchent pas seulement les trolls. De plus, chacun d'eux peut s'avérer positif ou négatif suivant ce que l'on en fait et si l'on s'englue dedans ou si on en est conscient.

- **L'anonymat dissociatif (« Tu ne me connais pas »)** : échanger en ligne, c'est n'exposer qu'une partie de soi : on peut choisir de ne montrer que certaines facettes, d'être anonyme, voire d'endosser une autre identité. Cela a un effet désinhibiteur qui permet d'être moins timide ou d'oser affirmer ses positions, parfois avec agressivité.
- **L'invisibilité (« Tu ne peux pas me voir »)** : en ligne on ne voit pas l'autre physiquement, on ne sait pas non plus s'il est actuellement connecté ou non, où il va, ce qu'il lit... On peut agir sans être vu et surtout on ne risque pas de se trahir en montrant malgré nous nos réactions aux messages reçus. Cela met en confiance pour davantage se confier, tout comme le fait de ne pas voir le psychanalyste quand on est sur le divan facilite l'expression intime.
- **L'asynchronicité (« À plus tard »)** : le fait d'avoir du temps pour répondre, de pouvoir réfléchir et prendre de la distance

1. Suler John, « The online disinhibition effect », *CyberPsychology & Behavior*, 7, 2004.

est facilitant pour peaufiner sa communication en fonction des buts qu'on s'est fixés. C'est comme si IRL, nous dit John Suler, on suspendait le temps après une réplique de notre interlocuteur et qu'on revenait continuer la conversation quand on se sent prêt. Quand on échange en continu, on se dévoile et on doit immédiatement faire face aux réactions de l'autre et enchaîner. Là, on peut suspendre et, même après avoir répondu, mettre à distance le message envoyé dans un « ailleurs ». Cela peut faciliter un éventuel sentiment de non-responsabilité.

- **L'introspection solipsiste**[1] **(« Tout est dans ma tête »)**, l'absence de face-à-face et le fait de communiquer par écrit peut altérer la conscience des limites de soi et nous donner l'impression que tout cela se passe dans notre tête. C'est comme si les réponses de l'interlocuteur étaient une voix intérieure. Cette conversation peut être vécue inconsciemment comme un dialogue avec soi-même, ce qui encourage la désinhibition parce que parler avec soi-même est plus sûr que de parler avec les autres.
- **L'imagination dissociative (« Ce n'est pas la vraie vie »)** : c'est le fait d'avoir le sentiment que ce qui se passe en ligne n'est pas réel, que les échanges se passent dans une autre dimension avec des règles différentes de la « vraie vie », entre des personnages imaginaires qu'on peut laisser de côté quand on reprend ses activités normales. Cela amplifie la désinhibition et libère du sentiment de responsabilité. Cet effet est plus fort dans un contexte de jeux avec environnement fantastique et en cas d'anonymat.

1. Solipsiste : Attitude partant du principe que la conscience propre du sujet est l'unique réalité, les autres consciences et le monde extérieur n'étant que des représentations.

- **La minimalisation de l'autorité (« Nous sommes égaux »)**, en ligne il n'y a pas les attributs extérieurs de l'autorité (uniforme, posture, ton...), cela tend alors à l'effacer et chacun part sur un pied d'égalité. L'influence en ligne se construit surtout sur la capacité de chacun à pouvoir se faire entendre à travers des compétences communicationnelles. Les échanges en lignes se font davantage sur un mode « entre pairs » ; les apparences de l'autorité étant minimisées, il y est plus facile de se comporter « mal » d'autant plus que la plupart des comportements abusifs demeurent concrètement impunis...[1]

Bien entendu, ces effets qui favorisent la désinhibition en ligne ne sont pas les seuls facteurs à prendre en compte, il existe d'importantes différences entre les personnes : personnalité, besoins, tendance introvertie ou extravertie, mécanismes de défense... qui vont se combiner plus ou moins fortement avec ces effets désinhibiteurs. L'effet de groupe en ligne est aussi un facteur pouvant déclencher des comportements spécifiques chez certains individus. De fait, certaines personnes se comportent en ligne quasiment comme IRL avec de légères modifications, alors que d'autres peuvent se comporter de façon radicalement différente.

J'ai une fois eu l'occasion de discuter avec une collègue d'un de mes trolls particulièrement virulents et elle m'a fait part de sa totale incapacité à pouvoir mettre en lien le troll haineux et violent qu'il était sur Twitter et le collègue attentif et charmant qu'elle côtoyait au quotidien. Elle savait qu'il s'agissait bien

1. Les formulations en gras sont issues du mémoire M2 MOI Classique de Le Foll Clémentine, *Twitter et la dégradation de l'information*, Université Paris Ouest, 2016/2017.

de lui mais ne pouvait comprendre comment un tel écart était possible ! Autre élément intéressant, ce troll a fini par quasiment lâcher prise… d'un coup, après des mois de messages quotidiens assénés via plusieurs comptes il a cessé de s'en prendre à moi. Tout comme je ne saurai jamais pourquoi j'ai été sa cible, cet « abandon » soudain reste un mystère.

Cela montre bien en tout cas que le troll et la personne qui l'anime ne peuvent être confondus et qu'on ne peut caractériser un profil pathologique en s'appuyant uniquement sur une activité trollesque en ligne.

# TÉMOIGNAGE « SUR LE TROLL » – THOMAS C. DURAND

*Thomas C. Durand est un des créateurs de la chaîne YouTube « La Tronche en Biais » et du blog « La Menace Théoriste » qui traitent de zététique, c'est-à-dire de l'étude rationnelle des phénomènes présentés comme paranormaux, des pseudosciences et des thérapies étranges. Ces contenus ne manquent pas d'attirer la controverse et inévitablement… des trolls !*

Tenir une chaîne de vulgarisation scientifique sur YouTube avec pour thèmes récurrents les pseudosciences, le paranormal et divers types de croyances au sein desquelles on compte les théories du complot, c'est évidemment exercer une grande attraction envers de larges catégories de trolls. Désireux de dénigrer la science, de conspuer toute version officielle de n'importe quoi, aimant fantasmer des liens de collusion entre les vidéastes et les grosses industries polluantes qui sont les méchantes dans tous les films, cette chaîne est un aimant à trolls.

Selon mon expérience, le Troll est un *Homo sapiens* à peu près normal (souvent mâle semble-t-il) qui dispose d'un accès Internet et, dans un certain contexte, lâche la bride aux pires défauts rhétoriques que la plupart d'entre nous apprenons à ne pas employer car ils sont contre-productifs. Je mettrai de côté le « gentil » troll qui trompe son ennui en jouant le rôle de l'emmerdeur, car fuyant l'ennui, justement, il s'acharne peu. J'écarterai également le troll débile, tout juste bon à ahaner des injures mal orthographiées, pour parler d'une forme plus sophistiquée et plus nuisible.

Le troll est un harceleur souvent doté d'une unique obsession[1] autour de laquelle il construit son rapport à la personne harcelée. Très motivé à l'idée de mettre à terre sa cible, il est dans le soupçon permanent,

---

1. Sauf quand il se pique d'être polyvalent dans sa pseudo-expertise et soliloque avec la même aisance sur la physique quantique, la civilisation aztèque, la parapsychologie et le traité de Rome, parfois dans une même phrase.

imagine des motivations, des objectifs cachés, et ses attaques personnelles sont dirigées vers ce qu'il croit avoir détecté qui échapperait aux autres. Il en tire la jouissance de se sentir puissant et perspicace.

Les défauts du troll sont les nôtres, exacerbés, démultipliés, ridicules. À ce titre, il peut nous servir de leçon. Tel un enfant fier de ses bêtises, le troll n'a pas le recul pour voir que ses actes ne le grandissent pas. La faute peut-être à des lacunes dans son apprentissage des relations interpersonnelles. Je plaide pour que l'éducation prenne en compte un volet de « politesse rhétorique » où nous apprendrions tous à sanctionner immédiatement un manquement de type trollesque, tout comme nous traitons la grossièreté.

Je suis personnellement accusé d'être à la solde de Monsanto-Bayer par certains internautes qui ont cette accusation à la bouche pour à peu près tous ceux qui n'arrivent pas à leurs conclusions. Je suis une gauchiasse invétérée lorsque j'aborde les questions de déterminisme social, mais un dangereux fasciste quand j'évoque les facteurs biologiques de l'orientation sexuelle par exemple. Ces accusations viennent d'horizons très divers, mais ils ont en commun d'être le produit de grilles de lecture obnubilées par un ou deux concepts, articulées sur très peu d'arguments.

J'ignore si une stratégie de réponse suprême existe, mais j'ai quelques idées sur ce qu'il faut faire et sur ce qu'il ne faut pas faire.

Pour moi, l'indifférence est souvent la meilleure défense. Les trolls réclament de l'attention et prêcher dans le désert les ennuie. Si la nuisance est tolérable, je recommande donc de les laisser parler dans le vide. Toute réponse émotive qui laisserait transparaître, même faussement, que le troll vous a blessé doit être évitée. S'il flaire qu'il peut vous faire mal, il reviendra plus aisément à la charge. J'aime donc, quelquefois, jouer le jeu du « troll-et-demi ». Il s'agit de traiter par l'ironie les commentaires et réactions du troll en lui parlant comme à un petit enfant capricieux. En lui disant des choses gentilles, des encouragements, en faisant l'éloge de sa bonne volonté, de son orthographe, de ses remarquables facultés physiques et intellectuelles. Bien entendu, ce genre de chose relève de la self-défense et aucunement de l'argumentation, et ce n'est jamais à utiliser quand votre contradicteur amène des arguments de fond.

Exemple plus ou moins fictif d'échange :

**Troll :** [Commentaire de troll énervé.]

**Vous :** Merci pour le commentaire. N'hésitez pas à partager notre travail. Bisou.

**Troll :** Toi t'es vraiment un [vilaine description] et ça se voit que tu es à la solde de [effrayant croque-mitaine].

**Vous :** Merci de chercher à communiquer au mieux de vos capacités et d'instaurer un dialogue respectueux où chacun peut examiner les idées de l'autre. C'est très important pour nous que vous soyez à ce point ouvert.

**Troll :** Remarque agressive]

**Vous :** Bien sûr, vos arguments sont extraordinairement puissants, et vous convaincrez tous ceux qui liront votre message. La section commentaire sert justement à ce que des gens comme vous puissent tous nous aider à mieux prendre en compte la complexité de la question. Merci encore.

**Troll :** [etc.]

## Rencontre avec un ou plusieurs trolls

Nous sommes actifs sur Internet avec notre personnalité, nos particularités, notre humanité, nos centres d'intérêt, nos combats peut être aussi. Nous facebookons, tweetons, instagrammons, commentons, publions... Et puis un jour nous nous prenons en pleine figure notre premier troll. Souvent nous ne l'identifions pas comme tel tout de suite, nous pensons que c'est quelqu'un qui a mal compris, qui nous confond avec quelqu'un d'autre, qui s'est trompé d'endroit. Et puis au bout de quelques messages nous nous rendons à l'évidence, nous avons affaire à notre premier troll.

Avoir des trolls, ce n'est pas donné à tout le monde, ça se mérite ! En effet, si un ou plusieurs trolls s'intéressent à nous et à ce que nous diffusons cela signifie qu'ils nous ont repérés, sélectionnés et jugés dignes de leur intérêt. Cela montre que nous avons une certaine audience, peut-être pas pléthorique mais de qualité et que ce que nous diffusons a un impact. Ils ne se donneraient certainement pas la peine d'intervenir s'ils ne décelaient pas dans nos interventions une efficacité et une pertinence qui, d'une manière ou d'une autre, les dérangent. Alors la première surprise passée, réjouissons-nous et profitons-en pour nous familiariser avec ce type de créature.

### Observons-le

Transformons-nous alors en ethnologue des réseaux et observons-le de près. Est-il anonyme ? Est-ce un homme, une femme ? Plutôt agressif ou joueur ? Insultant, moqueur ou les deux ? Aime-t-il surtout argumenter, déstabiliser ou dénigrer ? Si nous en avons le temps et l'envie nous pouvons le pister pour

mieux le cerner : lire ses autres interventions, chercher avec son pseudo s'il ne sévit pas en d'autres lieux de la toile...

Ensuite, deux possibilités s'ouvrent à nous : soit commencer à nous fixer une première ligne de conduite (nous pourrons toujours en changer plus tard), soit nous lancer dans une série de tests. Après tout, il vient nous embêter, nous pouvons bien, en contrepartie, en faire notre cobaye ! Repérons ce qui le fait réagir et comment. Si nous ne répondons pas, s'arrête-t-il ou enchaine-t-il les messages ? Si nous lui répondons en miroir, que fait-il ? Cet ouvrage donne plein de suggestions dans le chapitre « Comment répondre aux trolls ? ».

Tester ainsi tous azimuts a l'avantage de nous faire sentir avec quel type de réponse nous sommes le plus à l'aise, celui qui nous stresse le moins. De plus, cette observation suivie de tests nous aide à mettre à distance le troll et ce qu'il dit, nous rendant ainsi moins vulnérable à son action.

## Se définir une ligne de conduite

Pour définir une ligne de conduite avec les trolls il faut avant tout partir de nous, de ce avec quoi nous nous sentons à l'aise et en accord avec nous-mêmes. Il est aussi essentiel de ne pas perdre de vue ce pour quoi nous nous exprimons sur le web et de ne surtout pas laisser le troll nous en éloigner. S'il fait suffisamment diversion, que nous nous focalisons sur lui (pour lui répondre, pour nous en plaindre...) et que nous cessons de partager, militer, nous amuser, alors il a réussi son coup ! À nous de chercher comment gérer le troll *a minima* de façon à ce que cela ne dénature pas nos intentions de départ et, dans l'idéal, comme un moyen supplémentaire de servir les objectifs de notre présence en ligne.

Tenons compte aussi de notre temps disponible. Se lancer dans une gestion active des trolls, c'est-à-dire en leur répondant, peut vite devenir très chronophage…

Enfin et surtout prenons d'abord soin de nous. Ce troll nous stresse, nous met mal à l'aise, nous renvoie des choses trop violentes ? Nous n'avons pas envie de creuser pourquoi cela nous dérange, nous avons d'autres soucis à gérer en ce moment ? Dans ce cas-là inutile de perdre notre énergie, il faut le masquer, le bloquer, le bannir, le faire sortir de notre vie numérique et continuer à échanger comme avant. Dans l'immense majorité des cas, hors les cas d'acharnement avec harcèlement massif et concerté, les trolls n'ont sur nous que l'impact qu'on veut bien les laisser avoir. Cela ne signifie en aucun cas que nous sommes responsables de leurs agissements et de l'émotion première qu'ils suscitent en nous, mais que nous avons le pouvoir de les reléguer à la place que nous choisissons. Les ignorer totalement reste la solution efficace la moins coûteuse en temps et en énergie. Ce n'est par contre pas la plus facile car il faut vraiment résister à la tentation de répondre, de les lire quand même et les évacuer tout de suite sans aucun état d'âme !

Enfin, utilisons nos trolls à des fins personnelles pour tester notre patience, notre rigueur de raisonnement, notre sérénité… ou à des fins servant la qualité de notre présence en ligne pour être pédagogue, être drôle, être plus combatif, augmenter notre audience…

Attention à ne pas y passer des heures en faisant des recherches pour trouver des éléments convaincants ! Nous courons alors le risque que cela devienne obsédant pour un résultat forcément décevant. Je ne sais pas vous mais moi, si je sens que mon interlocuteur a passé du temps à trouver des arguments, qu'il pinaille... ça me donne de lui l'image d'une personne peu intéressante qui n'a que ça à faire de sa vie. Bref, l'idéal est de faire simple, précis, incisif mais peu coûteux en temps, ou de choisir de ne pas répondre. Si la recherche d'éléments et de références sur le sujet soulevé par le troll nous paraît utile et intéressante, nous pouvons toujours la différer. Il est important de le faire pour nous mais de le déconnecter totalement de l'échange avec le troll.

Au moment où j'écris ces lignes, j'ai dû résister à la tentation de répondre à une énième attaque personnelle d'un de mes trolls récurrents. Il s'était calmé ces derniers temps et en ce dimanche j'ai découvert qu'il recommençait à me dénigrer publiquement dans une bonne dizaine de messages. Cela m'a énervée, j'ai commencé à avoir envie de riposter, j'ai eu de l'inspiration sur une façon de m'y prendre en allant au marché ce matin mais voilà... cet après-midi j'avais prévu d'écrire, ce projet de livre me tient à cœur et si je fais cette riposte qui me demandera du temps pour être mesurée, maîtrisée, documentée tout en étant incisive pour faire mouche, alors ce sera au détriment de l'avancement de cet ouvrage. J'ai donc décidé de différer, ce qui présente deux avantages : je consacre comme prévu mon temps à l'écriture et je me donne du temps supplémentaire pour réfléchir à l'utilité de faire ou non cette riposte. Écrire qu'il faut éviter de réagir à chaud, prendre du recul, d'abord considérer ce qui est vraiment important pour nous est facile et semble une évidence... mais ce n'est pas pour autant aisé à mettre en œuvre !

Or, concrètement, je ne sais pas exactement quels sont les buts et les intentions de ce troll, que je ne connais qu'à travers ses messages inappropriés, mais ce qui est certain, c'est que je ne veux pas le laisser me détourner de ce projet de livre important pour moi. Important parce qu'écrire un premier livre est un défi à relever et parce qu'être utile à d'autres à travers cet ouvrage est le but que je me suis fixé. En résistant à la tentation de passer une heure ou plus à répliquer aux attaques de ce troll, je reprends le pouvoir, use de mon libre arbitre et même, en l'écrivant ici, je me sers de cet exemple concret, donc de lui, pour avancer dans mon projet.

En fait, sans même le savoir, ce troll m'aide au lieu de m'embêter ; cela est pour moi un puissant levier de motivation et rehausse mon estime de moi bien au-delà des atteintes que ses messages ont pu provoquer.

J'ai finalement décidé de ne pas faire la réponse que j'avais en tête, en effet après quelques heures de recul cela m'a semblé vain et inutile !

### Exercice

**Observer finement un ou plusieurs trolls qui s'en prennent à vous, tenter de les cerner, les pister, puis tester sur eux différents modes de réactions pour voir ce que cela produit.**

# ESSENTIELS À RETENIR

- Les personnes qui se cachent derrière les trolls sont souvent plus pathétiques qu'effrayantes.
- Le troll est très souvent anonyme mais il y a des exceptions et tous les anonymes ne sont pas des trolls.
- Le troll a des armes dont il n'use pas toujours de façon consciente et éclairée.
- Le fait d'être « en ligne » favorise la désinhibition.
- Avoir affaire à des trolls est un bon signe, cela indique que notre présence en ligne compte !
- Observer les trolls pour les cerner est une bonne option pour ne pas se laisser impressionner.
- Tester différents types de réponses sur nos trolls permet de voir ce qui nous convient le mieux.
- Ne consacrer aux trolls que le temps et l'énergie que nous choisissons d'y consacrer.
- Ne pas laisser les trolls nous faire perdre de vue les objectifs de notre présence en ligne.

## TÉMOIGNAGE DE PIERRE

*Pierre est un homme marié à un homme, ils élèvent trois filles nées par GPA. Son compte Twitter @maviedepapa ressemble à tous les comptes de parents qui partagent leur quotidien avec de jeunes enfants entre anecdotes et questions d'éducation, il serait « banal » s'il ne s'agissait pas d'une famille homoparentale…*

Je me suis inscrit sur Twitter dans le but de montrer que l'on peut être gay, en couple, et avoir des enfants. J'essaye de montrer une image positive de la gestation pour autrui et de rendre visible nos familles en banalisant notre situation. Je raconte des anecdotes de mon quotidien, discute avec d'autres parents et échange avec des personnes souhaitant avoir des informations sur la GPA. Je poste aussi des photos…

Cela, bien sûr, ne plaît pas à tout le monde. Mon histoire fait partie des sujets « sensibles » sur la toile. Quasiment quotidiennement je suis confronté aux fameux « trolls ».

Il y en a plusieurs sortes : ceux qui m'insultent directement et puis ceux convaincus de détenir « la vérité ». Par exemple, « *Dieu n'a pas créé Adam et Steve mais Adam et Ève* », en se basant sur la religion ou des poncifs entendus maintes fois lors des débats pour l'ouverture du mariage pour tous. Il arrive aussi qu'un troll en ameute d'autres en citant mon tweet et c'est là que c'est le plus « dangereux ». Gérer un troll est plus facile que d'en gérer dix en même temps.

Au tout début de mon inscription sur Twitter, quand j'avais peu de « followers », bien sûr cela me blessait de recevoir des insultes. À certaines périodes, je comptais plus de trolls que de soutiens. Finalement, avec le temps, mon nombre de soutiens a augmenté, et après avoir compris que je devais continuer à tweeter pour une cause qui me tient à cœur, j'ai réussi à passer outre les tweets agressifs et parfois même à en rire.

Ce qui m'a donné envie de continuer ce sont les nombreux témoignages d'affection reçus en message privé (dits DM, Directs Messages) de personnes qui me félicitent pour ma famille, pour l'image que je renvoie et celles à qui j'ai pu donner des conseils utiles. Plus motivant encore, des personnes ont admis avoir changé d'avis au sujet de la GPA et de l'homoparentalité grâce à mon témoignage, ma visibilité et ma façon d'expliquer les choses.

Cependant je ne poste rien qui compromettrait ma vie privée. Pas de photo de mes enfants à visage découvert, pas de prénoms, pas d'information sur mon lieu de vie…

Lorsque plusieurs personnes d'un coup viennent m'insulter de façon basique ou homophobe, c'est assez facile pour moi de simplement les bloquer et donc de « gagner du temps ».

Cependant lorsqu'un seul un troll vient me juger en faisant mine de vouloir discuter, la tentation de répondre est bien plus grande. Cela dépend de mon humeur et de la personne. Il m'arrive parfois de citer son tweet et de laisser mes abonnés s'en charger, ou de répondre en espérant donner une autre image, mais c'est rare. Il faut bien faire la différence entre les trolls et les personnes ayant d'autres idées mais prêtes à réellement écouter les arguments pour éventuellement changer d'avis.

Il m'arrive aussi de tourner en dérision leur propos en soulevant leurs absurdités. Parfois je leur réponds avec un GIF de couple homo qui s'embrasse.

Quand les messages sont très violents je ne réponds pas et en les citant, je demande à ma « TL » (Time Line, c'est-à-dire ceux qui me suivent) de signaler le compte ; bien souvent il arrive qu'en plus de les signaler, les abonnés répondent et les trollent à leur tour.

Quand j'ai fièrement annoncé la naissance de ma dernière fille sur Twitter, je suis rentré dans une sorte de spirale de tweets avec une avalanche de trolls. Certains ont copié mon tweet et mis une légende à vomir. J'ai reçu des menaces de mort. Tout ça, simplement parce que j'annonçais la naissance de ma fille.

Bien sûr j'ai signalé les tweets, mais Twitter a mis du temps à réagir, et certaines subtilités des messages font qu'ils ne sont pas estimés comme « inappropriés ». À ce moment-là, j'ai mis mon compte en privé et signalé/bloqué tous les comptes agressifs ou malveillants. Ma « TL » s'est chargée aussi d'en signaler.

Ce moment de bonheur dans ma « vraie vie » aurait pu être gâché par ces trolls. Heureusement j'ai appris à prendre du recul sur la vie en ligne. Comme si j'étais deux personnes distinctes. Il y a Pierre et il y a @maviedepapa.

Aujourd'hui, je reste sur ma ligne, je sais pourquoi je me suis inscrit sur ce réseau, j'essaye de répondre au maximum aux personnes bienveillantes, et ignore/bloque/signale les malveillants qui essayent de m'atteindre.

Finalement, je les imagine très seul.e.s derrière leur écran, pleins de haine face à ce bonheur auquel ils ne peuvent peut-être pas accéder, préférant le détester plutôt que le partager ou l'ignorer.

Pour avoir envie de me troller il faut quand même venir me chercher ; s'ils viennent chercher le compte d'un papa gay, on peut en supposer qu'en eux se cache quelque chose qu'ils rejettent par peur de l'aimer…

2

# Comment mieux se connaître grâce aux trolls ?

## Ce que le troll provoque en nous

Nous allons explorer ici ce que les messages des trolls peuvent provoquer chez nous. Cela dépend bien évidemment du contenu et du ton des messages, du contexte mais aussi du moment et de notre état d'esprit. Nous pouvons donc tout à fait nous reconnaître dans plusieurs cas de figure.

### Une mauvaise image de soi

Sur les réseaux comme IRL, nous avons envie de plaire au plus grand nombre, d'être respectés dans ce que nous sommes, ce que nous disons et ce que nous revendiquons. Le troll met inévitablement cela à mal et ses propos contrariants, voire insultants, peuvent tout à fait nous atteindre dans notre estime de nous-mêmes. Nous pouvons nous sentir blessés, nuls, ridicules.

Le troll est souvent vexant, en faisant semblant de mal nous comprendre, en tordant ce que nous avons voulu exprimer, il peut mettre le doigt sur une maladresse ou un défaut de clarté dans notre expression. Il déforme alors l'image que nous souhaitons renvoyer en la ridiculisant ou en la diabolisant, et en cherchant parfois même à montrer que nous défendons le contraire de ce que nous voulions exprimer.

Enfin, souvent, il tente de nous décrédibiliser en pointant de fausses contradictions ou en s'attaquant directement à notre personne, nos compétences ou notre parcours.

Or notre image de nous dépend énormément de ce que les autres nous renvoient, même si on s'en défend, cela compte. Une seule remarque acide a hélas sur nous plus d'impact que des dizaines de retours intéressés, positifs et constructifs.

## De la colère

Le troll adore nous faire sortir de nos gonds, il en fait souvent des caisses pour nous mettre très en colère et… il y arrive très bien ! Il se montre souvent insultant, caustique, nous ridiculise ou pire se moque de la cause ou des valeurs que nous défendons. Il aime choquer et provoquer et cela est assez simple car il suffit de s'appuyer sur ce qui est manifestement important pour sa cible. Évidemment, si nous nous énervons après lui il sera on ne peut plus ravi !

Attention, le troll est très susceptible ; si nous choisissons de lui répondre, un mot un peu moqueur ou à la limite de l'irrespect le fera monter sur ses grands chevaux. Peu importe qu'il nous ait auparavant copieusement insultés, ce simple mot maladroit sera un trophée qu'il ne manquera pas de brandir à tout bout de champ comme étant la preuve de notre insupportable agressivité.

## De la peur

Certains trolls font directement peur par la violence de leurs propos ou leurs menaces, mais heureusement ils sont rares. Par contre, le troll « classique » n'est pas effrayant en soi mais ce que ses messages déclenchent en nous, nous fait craindre que cela recommence. Nous pouvons nous sentir en insécurité interne, envahis par les notifications, stressés par ce qu'il va encore dire de nous et découragés du combat qu'il va falloir mener si nous choisissons de réagir. La conséquence de cette peur est l'autocensure : ce message que l'on ne publie pas parce qu'on sait qu'il va générer des réactions trollesques, ce sujet que désormais on évite d'aborder, voire dans les cas extrêmes, la décision de ne plus nous exprimer ou de quitter cet espace en ligne.

Évidemment, si on se sent vraiment mal il n'est absolument pas honteux de battre ainsi en retraite ; de toute façon, un internaute qui ne va pas bien ne sert pas efficacement sa passion ou sa cause. Prendre soin de soi avant tout est primordial. Par contre, si on se sent d'humeur combative, ne surtout pas laisser le champ libre aux trolls en nous taisant est essentiel. D'ailleurs, ceux qui se mettent en retrait pour des raisons de fragilité personnelle comptent sur ceux qui ont plus de ressources à ce moment-là pour ne pas lâcher l'affaire !

## De l'obsession

Combattre un troll peut vite tourner à l'obsession… Autant tenter de le connaître et de le cerner en l'observant est utile, autant on peut vite glisser du côté obscur de la force ! On se surprend alors à agir comme lui : on le *stalke* (on l'espionne, on le traque), on lit tout ce qu'il publie, on réagit à chacune de ses erreurs ou approximations, on commente ce qu'il dit, on juge ce qu'on pense qu'il est. Bref, on devient comme lui : agressif, harcelant, insultant, de mauvaise foi. Si à petites doses ces agissements peuvent se comprendre voire être légitimes, à haute dose cela est encore une victoire… pour le troll !

En effet, en agissant ainsi nous le jugeons important, nous lui donnons de la visibilité et nous nous mettons en porte-à-faux en nous comportant, au moins un peu, comme lui. Pendant ce temps-là nous négligeons ce pour quoi nous sommes présents en ligne et donnons à voir une « guéguerre personnelle » un peu pitoyable.

SI VOUS N'ÊTES PAS UN TROLL, ALORS LEVEZ LA MAIN DROITE ET DITES « JE LE JURE » !

Nous tombons tous plus ou moins à un moment ou un autre dans ce type de piège et il est essentiel d'en prendre conscience et de s'en extirper. Mettre de la distance, ne pas lui faire de publicité, compiler les infos grappillées à utiliser en cas de besoin sans passer des heures à les chercher et sans les rendre forcément aussitôt publiques est bien plus sage.

## DÉTERMINER CE POUR QUOI ON EST EN LIGNE

Le principe de cet ouvrage est de positiver, en la rendant profitable, notre expérience avec les trolls. Ces derniers se moquent de comment on se sent : soit ils nient avoir quelque impact que ce soit, soit ils souhaitent que nous nous sentions mal. Donc faire en sorte d'aller le mieux possible, voire interpréter et utiliser positivement ce que nous renvoient les trolls est la meilleure « vengeance », ou plutôt revanche, possible ! C'est donc à nous de prendre soin de nous malgré, ou mieux avec l'aide, des trolls.

Tout d'abord il est important de se remettre au clair avec les raisons profondes de notre présence en ligne. Cela n'a peut-être plus grand-chose à voir avec notre intention de départ, mais si nous revenons régulièrement sur un ou plusieurs espaces numériques c'est que nous y trouvons un intérêt.

Cela peut être très varié et multiple, voici quelques exemples non exhaustifs.

Je suis présent en ligne sur cet espace pour :

- m'amuser
- m'exprimer
- partager une passion

- m'informer
- militer
- échanger avec d'autres
- me forger des opinions en lisant des avis divers
- me défouler
- rester en contact avec mes proches
- rencontrer de nouvelles personnes
- me sentir moins isolé
- m'inspirer de ce que partagent les autres
- discuter
- mieux me comprendre moi-même en me racontant
- chercher de l'aide et du soutien
- partager les valeurs et les combats importants pour moi
- me développer professionnellement ou personnellement
- ...

Ces raisons profondes, une fois clairement identifiées, pourront guider notre action en réaction aux trolls afin de ne pas perdre de vue nos buts et si possible de mettre notre gestion des trolls au service de ces buts.

### Exercice

**Prendre le temps d'explorer ce que ce troll provoque en nous et le noter.**

**Déterminer à l'aide de la liste ci-dessus les raisons profondes de nos activités en ligne.**

3

# Comment se protéger des trolls ?

« "Fuis la compagnie des gens à qui tu ne veux pas ressembler" (Rabelais, Pantagruel, IIe livre, chap. 8). Gargantua conseillerait-il aujourd'hui à Pantagruel de bloquer les trolls ? »

Tweet de François Jourde du 31/05/2018

Il existe deux grandes familles de stratégies pour se protéger des trolls. On peut choisir de les ignorer, de les tenir à l'écart ou au contraire essayer de mieux les connaître et de les affronter avec du recul et une bonne dose de sang-froid. Nous allons ici explorer ces deux possibilités afin d'avoir toujours le choix et de pouvoir alterner, en fonction de nos envies ou de nos besoins.

## Lire ou ne pas lire ses trolls, telle est la question

Il n'y a pas de réponse unique, ça dépend de chacun, du contexte, du temps dont on dispose. Personnellement j'alterne les deux options en fonction de mon état d'esprit. Si mes trolls me fatiguent ou m'énervent trop en ce moment, si je suis dans une période chargée avec d'autres priorités, alors je ne les lis pas. Si je suis dans une phase plus tranquille, que ma curiosité prend le dessus, que je ressens le besoin de prendre connaissance de leurs critiques et leurs arguments, alors je vais les lire.

### Cinq bonnes raisons de lire ses trolls

1. Ils nous renvoient de façon brutale nos travers et nos faiblesses et nous poussent à la vigilance : être clair et précis devient indispensable pour éviter de leur donner prise.

OÙ VAS-TU DÉGUISÉ COMME ÇA ?
TCHATTER AVEC DES TROLLS !

2. Ils nous rappellent que tout le monde n'est pas d'accord avec notre façon de voir et nous donnent l'occasion d'affûter nos arguments (pas pour eux mais pour nos autres lecteurs).
3. Ils sont une anti-boussole très précieuse : ce qui les fait hurler devrait nous intéresser, ce qui les réjouit devrait nous préoccuper.
4. Les lire attentivement c'est mieux les connaître, ce qui aide à les contrer le cas échéant si à un moment ou à un autre, nous décidons de leur répondre.
5. C'est assez réjouissant de les voir de temps en temps se battre entre eux, et de constater qu'ils ne supportent pas des autres le dixième de ce qu'ils nous font pourtant subir avec désinvolture !

## Cinq bonnes raisons de ne pas lire ses trolls

1. Si nous ne les lisons pas, ils n'ont pas d'impact sur nous et sur ce que nous diffusons en ligne, ne pas les lire c'est leur enlever leur pouvoir de nuisance.
2. Nous ne perdons pas de temps à lire des gens que nous ne ferons pas changer d'avis.
3. Si nous ne les lisons pas, nous ne sommes pas tentés de leur répondre, directement ou indirectement.
4. Ils ne sont pas constructifs et n'apportent rien, il est plus profitable pour nous de lire sur ce temps des personnes qui nous inspirent.
5. Cela est bon pour nos nerfs.

### Exercice

**Pendant quelques jours, s'astreindre à lire quotidiennement nos trolls et noter ce que cela nous apprend. Puis, pendant le même nombre de jours ne pas aller les lire du tout et noter si cela fait une différence pour nous : sur notre état intérieur, sur ce que nous partageons en ligne.**

## Laisser tomber

Soyons clairs, ce livre ne prétend pas être une martingale absolue contre les trolls et n'encourage certainement pas à les affronter ou même les supporter à n'importe quel prix. Les trolls peuvent arriver dans notre vie à un moment où nous sommes fragiles ou préoccupés par des choses bien plus prioritaires que nos partages en ligne. L'intervention des trolls peut nous atteindre durablement ou à répétition, nous angoisser, nous envahir… dans ces cas-là, il faut laisser tomber ! On peut toujours essayer de les évacuer de notre espace et de les ignorer, mais si ça ne fonctionne pas et que nous nous sentons mal, il est inutile d'insister. Abandonner, au moins pour un temps ou définitivement, l'espace numérique qu'ils ont envahi, s'occuper de nous, nous ressourcer, passer à d'autres lieux ou à complètement autre chose est assurément mieux que de nous forcer à affronter quelque chose qui est au-dessus de nos forces. Nous pourrons toujours revenir, ou pas. Quoi qu'il en soit, nous aurons appris quelque chose sur nos limites et nous ne nous serons pas laissés martyriser et envahir par des trolls !

Dans ce cas-là, il faut faire confiance à d'autres, plus en forme ou plus résistants à ce moment-là pour les affronter à notre place et… ne se faire aucun souci pour les trolls qui trouveront bien à troller ailleurs !

Même conseil si nous avons affaire à un troll qui nous semble dangereux pour une raison ou une autre, courir le risque de braquer contre nous un troll de cette catégorie est déraisonnable. Laissez tomber et lisez la partie « Repères juridiques » page 175.

# Ignorer les trolls

## Don't feed the trolls

Nous connaissons tous la célèbre formule « *don't feed the troll* » (ne pas nourrir le troll) qui symbolise l'attitude massivement reconnue et conseillée quand on est confronté à un troll. En effet, nous en avons tous déjà fait l'expérience, toute réponse, quelle qu'elle soit, relance le troll de plus belle et l'encourage à continuer. Nous verrons plus loin que ce principe de ne pas répondre est néanmoins remis en question par certains spécialistes du « discours de haine », mais ce conseil est et reste une option intéressante à considérer.

En effet, nous ne sommes pas obligés de parler avec tout le monde et encore moins ne devons une réponse aux gens désagréables. Les ignorer est un droit et cela n'a rien à voir avec la liberté d'expression. Les trolls ont le droit de s'exprimer et nous le droit de ne pas avoir envie d'échanger avec eux ! Cela n'a également rien à voir avec la démocratie ou le débat démocratique : notre espace sur un réseau social ou notre blog n'est pas un État et nous pouvons en fixer librement les règles (dans le cadre de la loi et des conditions d'utilisation du service) et donc gérer, comme cela nous convient, ce que nous acceptons ou non. De plus, avec les trolls, on n'est de toute façon jamais dans le cadre d'un vrai débat. Souvent, quand un troll nous agresse et que nous l'ignorons, il nous reproche de refuser le débat, c'est un grand classique ! En fait, ce que nous refusons c'est de nous lancer dans un combat énergivore et inutile. Surtout, ne nous laissons pas déstabiliser par ce genre de riposte à notre silence, et ne nous imposons pas de répondre à tout le monde, trolls compris, pour ces raisons-là. Nous pouvons bien sûr nous fixer cette règle de répondre à tous mais seulement si elle nous convient et que nous la vivons sereinement.

## Ne pas hésiter à les bloquer

Le plus simple est de juste omettre de répondre et d'attendre que le troll se lasse. Mais souvent cela ne suffit pas car le troll peut se montrer très persévérant et il suffit d'un message qui va nous pousser à répondre pour réduire à néant nos efforts de self-control « *Je ne dois pas répondre, je ne dois pas répondre, je ne... Ah, non, là il va trop loin, je vais lui dire ma façon de penser !* ». Il est donc parfois utile de s'aider à résister en faisant en sorte que les messages du troll ne s'affichent plus. Suivant les plateformes et les réseaux, il existe des solutions de blocage ou de bannissement. Les utiliser comporte l'inconvénient de donner une « mini victoire » au troll, qui saura qu'il a été bloqué et donc qu'il nous a suffisamment dérangés pour obtenir ce résultat. Mais nous serons tranquilles, ne verrons plus ses messages et ne serons plus tentés de répliquer. Il existe souvent une autre parade, plus discrète car invisible pour le troll : le masquer. Sur les pages Facebook par exemple, on peut masquer un commentaire qui deviendra alors visible uniquement pour l'auteur du message et ses « amis ». Sur Twitter, la fonction « masquer » permet de ne plus faire apparaître les interventions de cet utilisateur ni dans notre fil ni dans nos mentions, il est ainsi très facile de l'ignorer puisque nous ne le voyons pas. Le troll ne saura pas que nous avons agi pour nous protéger de lui et ne se trouvera confronté qu'à notre silence. Inconvénient du masquage, il n'empêche pas le troll de continuer à nous interpeller publiquement ou de nous lire. Ceci dit, le blocage n'est jamais absolu non plus car le troll peut toujours revenir sous un autre pseudo. Enfin, si nous sommes sur un forum, nous pouvons signaler le troll au modérateur qui normalement devrait lui signifier le non-respect de la charte du lieu et pourra éventuellement décider de le censurer ou de le bannir.

## Comment résister à la tentation de répondre ?

Il est très difficile, même si on l'a décidé, de ne pas répondre aux trolls. Ils sont très forts pour nous choquer, nous indigner, nous mettre en colère… Souvent ils n'hésitent pas à nous mettre personnellement en cause ou en accusation et on a envie de se défendre, de rétablir la vérité. Quand on se sent atteint dans notre honneur parce qu'ils nous dénigrent ou nous diffament c'est extrêmement difficile de ne pas réagir.

Tout d'abord il faut respirer, réfléchir et laisser passer quelques heures. Quand on répond instinctivement, on risque de le regretter après coup, et imposer notre tempo au troll, si nous décidons de répondre, c'est une façon de reprendre les rênes… donc ATTENDONS ! Nous pouvons écrire notre message de réponse au brouillon, le relire un peu plus tard et puis décider si nous l'envoyons tel quel, si nous l'envoyons avec des modifications, si nous ne l'envoyons pas. Souvent, le simple fait de l'avoir écrit fait du bien et le poster n'est plus indispensable.

Pensons aussi à relativiser l'impact d'un troll. Souvent, il a moins d'audience que nous et ceux qui le lisent savent très bien qu'il s'agit d'un troll. Quand un troll dit du mal de nous c'est lui qu'il décrédibilise, surtout quand il est insultant et de mauvaise foi. Lui répondre c'est lui donner de l'importance, considérer que son avis compte et montrer qu'il nous touche. Il sera toujours temps, un peu plus tard, de faire une mise au point en nous adressant à tous nos lecteurs si quelque chose mérite d'être clarifié. La meilleure façon de montrer qui nous sommes vraiment, à des lieues de ce que dit ce troll de nous, c'est de continuer à diffuser des messages qui nous ressemblent et de ne pas tomber dans la justification suite à des propos dégradants. Celui qui se justifie a toujours l'air d'être en tort, il vaut mieux s'excuser si vraiment on a quelque chose à se reprocher mais jamais se justifier !

Face aux trolls il faut renoncer à avoir le dernier mot, de toute façon on ne les convaincra pas, cet espoir est vain. Les laisser continuer à rager entre eux ou tout seul dans le vide est une bonne façon de ne pas leur permettre d'avoir une emprise sur nous. Ne pas réagir à leurs provocations est bien plus difficile que de se laisser aller à leur répondre du tac au tac, mais à long terme, cela donne de nous une image de sérénité et de maturité appréciée par nos lecteurs.

Une autre façon de résister à la tentation de leur répondre est d'avoir des « alliés » avec lesquels on peut échanger en privé à propos des agissements de nos trolls. Ce peut être d'autres internautes agressés par les mêmes trolls ou simplement des membres de notre communauté à l'écoute et bienveillants. Cela permet d'avoir un sas où déverser le malaise créé par nos trolls et aide à la prise de recul. Attention, il ne faut pas qu'il y ait dans ce groupe des personnes nous culpabilisant en sous-entendant que quand même nous l'avons « bien cherché » « et que si nous étions irréprochables les trolls ne s'en prendraient pas à nous » ! Personne n'est irréprochable, faire de son mieux est largement suffisant, et ce que nous recherchons dans ces moments-là c'est du réconfort et de l'empathie, pas de la culpabilisation. Un vrai soutien pourra éventuellement pointer, avec tact et bienveillance, des maladresses, que nous pourrions selon lui éviter. La personne qui nous culpabilise est au mieux très maladroite, au pire ne nous veut pas du bien, fuyons-la ! Ce groupe d'échanges et d'entraide permet de ne pas se sentir seul et d'exprimer les émotions que les messages des trolls provoquent en nous. Cet espace est aussi utile si on décide de répondre aux trolls, toujours ou parfois, car on peut en toute discrétion vis-à-vis d'eux, se coordonner, se passer le relais, se mettre d'accord sur à quoi réagir ou non…

Répondez
Parlez
Y A QUELQU'UN ?
Je suis là !

## ESSENTIELS À RETENIR

Face aux trolls nous pouvons décider de :

- Laisser tomber si nous nous sentons fragiles
- Les ignorer et nous entraîner à résister à la tentation de réagir

Nous pouvons prendre le contrôle de la situation et résister à la tentation de répliquer en :

- Bloquant / bannissant / masquant / invisibilisant le troll
- Imposant notre tempo
- Ne nous justifiant surtout pas
- Renonçant à avoir le dernier mot
- Ayant des alliés

## TÉMOIGNAGE DE FLORENCE PORCEL

*Florence Porcel est une tweeteuse de la première heure, hyperactive, elle fait entre autres choses de la vulgarisation scientifique sur YouTube, mais aussi dans des vrais livres, et rêve d'aller sur Mars ! Bref, les trolls, hélas elle connaît…*

Vous connaissez l'adage « *don't feed the troll* ». Après quinze ans d'utilisation intensive d'Internet, dont dix ans d'hyper-présence sur Twitter, je me fais encore avoir… Mais plus rarement. J'ai l'impression que plus on vieillit, moins on accorde de temps et d'énergie aux gens qui ne nous veulent pas du bien. Alors mon panier à provisions spécial trolls devient de moins en moins garni. L'objectif : le vider totalement et ne plus jamais le remplir !

Lorsqu'on est sur Internet dans une démarche altruiste, de partage, d'échange, et ce de manière transparente (vous me trouverez sous mes vrais nom, prénom et visage), le concept même du troll est insupportable. Sortir de nulle part, emmitouflé dans un parfait anonymat, envahir l'espace vital de quelqu'un de manière agressive et bruyante, et n'en partir qu'une fois tout saccagé et piétiné, et tout ceci totalement gratuitement, c'est le summum de l'absurde. Et comme la cohérence fait partie des valeurs qui me tiennent le plus à cœur, le fait que ça n'ait aucun sens ajoute de la colère à des nerfs déjà mis à rude épreuve.

Vous l'avez compris : pour une présence en ligne saine, il faut ignorer – sinon, c'est le cercle vicieux. C'est plus facile à dire qu'à mettre en œuvre, surtout quand lesdits trolls se transforment en harceleurs. Ça m'arrive à chaque fois que je m'exprime sur un sujet qui les met hors d'eux : le féminisme. J'en conclus que les trolls sont en grande majorité des personnes de sexe masculin paumées et fragiles.

Il y en a, parfois, de plus redoutables : comme ce petit groupe de potes qui, non contents de m'avoir prise pour cible pendant des années sur les réseaux sociaux, sont allés jusqu'à trouver mon numéro de téléphone pour me piéger, et mettre en ligne le canular (punissable d'un an d'emprisonnement et de 45 000 euros d'amende)...

Face à ce genre d'agissements, on se trouve seule et démunie. C'est vraiment très douloureux. Honnêtement, je ne sais pas par quel miracle j'échappe toujours à la dépression. Mais ce qui est le plus dur, je crois, c'est qu'on ne peut rien faire. Et après toutes ces années, je ne trouve aucune solution à ce fléau, à part s'autocensurer (ce que je fais, hélas, de plus en plus souvent) ou mettre fin à sa présence en ligne. Mais ce serait leur accorder la victoire.

Je ne nourrirai plus de trolls – pas même avec de l'arsenic virtuel. Ils sont, le plus souvent, plus à plaindre qu'à blâmer. Mais les mots peuvent blesser, voire tuer. La seule solution à ce problème de société, c'est d'agir en amont. Alors éduquons.

4

# Comment répondre aux trolls ?

## Pourquoi leur répondre ?

Répondre aux trolls est une option tout à fait acceptable et qui peut même s'avérer très profitable. C'est par contre plus risqué que le silence car, avec les trolls, le moindre « faux pas », la plus petite erreur d'appréciation, sera transformé par eux en preuve absolue de notre incompétence, de notre bêtise, de notre illégitimité ! Il faut donc être préparé à cela, se sentir capable de l'affronter et pouvoir décider à tout moment d'arrêter brutalement l'échange s'il dérape à notre désavantage ou s'il nous devient insupportable. Il est indispensable pour cela de renoncer tout de suite à avoir toujours le « dernier mot » avec eux ; parfois, souvent même, avoir le dernier mot reviendra à leur opposer notre silence et non à les faire taire !

Ceci étant posé, quelles sont les excellentes raisons de décider de répondre aux trolls ? Tout d'abord, répondre est une manière de vérifier si on a affaire à un troll ou non, on est parfois surpris de constater que notre interlocuteur, que l'on prenait pour un troll, est tout à fait ouvert à un véritable échange de points de vue. C'est rare, mais ça arrive !

Pour les « vrais » trolls, cela permet de les recadrer et de combattre clairement et explicitement les propos inappropriés qu'ils diffusent sur les réseaux. Si on répond en espérant les faire changer d'avis c'est peine perdue..., les faire vaciller dans leurs convictions n'est peut-être pas exclu, mais les trolls ne l'admettront jamais, donc nous ne le saurons pas. Même s'il est peu probable que cela change profondément leur façon de voir les choses, leur parler a le mérite de ne pas les laisser dire n'importe quoi sans qu'ils aient en retour de la contradiction. De plus, il faut avoir à l'esprit que ce que nous répondons aux trolls est lu par d'autres, peut-être hésitants, et que notre message s'adresse aussi indirectement à eux. Influencer les trolls est une mission impossible mais influencer nos autres lecteurs, moins radicaux qu'eux, reste une possibilité qu'il est dommage de négliger. En outre nous montrons clairement que certains propos ne sont pas acceptables et contribuons à éviter leur banalisation.

Une autre raison très valable de répondre aux trolls est si cela nous fait du bien. Si nous ressentons très fort le besoin de dire à un troll ce que nous pensons de ses messages, alors il faut le faire, prudemment, mais il faut le faire ! Contrer en public les pseudo-arguments du troll, ou simplement le « moucher » est très satisfaisant et peut dans certains cas être utile.

Enfin, même si c'est à manier avec précaution, répondre à un troll permet de montrer à nos lecteurs et à notre communauté ce que certains disent et pensent peut-être vraiment et à quel point nous trouvons cela intolérable. Attention à bien maîtriser les choses car le risque est grand de faire de la pub au troll en le rendant plus visible et donc en augmentant son impact. Si le troll a peu d'audience et nous beaucoup, il faut peser finement le pour et le contre.

Si nous voulons nous fixer comme règle de répondre à nos trolls, il est conseillé d'éviter, au moins dans un premier temps, de vouloir répondre systématiquement à tous les trolls tout le temps. En effet cela peut devenir très chronophage et finir par nous prendre la tête. Choisir de répondre à certains trolls seulement, en fonction de leur profil ou de notre envie du moment, est beaucoup plus raisonnable.

## Concrètement on procède comment ?

Tout d'abord il faut être très vigilant à ne pas agir comme le troll. Il ne s'agit pas d'être gentil ou de le ménager, mais de rester en alignement avec nous-mêmes et nos valeurs et de ne pas nous transformer en furie. Cela peut arriver très vite, croyez-en mon expérience !

Pour répondre il faut de la ténacité, de la constance et beaucoup de sang-froid. Rester calme et serein est indispensable. Consciemment ou non, le troll essaie de nous pousser à bout donc à la faute, et le moindre mot de travers de notre part, surinterprété s'il le faut, nous sera indéfiniment reproché. Cela étant bien plus grave évidemment que le flot d'agressivité, voire d'injures, que nous avons essuyées de sa part. On ne peut absolument pas compter sur son *fair-play*, il nous faut donc être très vigilant.

Quelques principes importants de mon point de vue :

- Se concentrer sur ce qu'il écrit, pas sur ce que nous croyons qu'il est.
- Imposer notre tempo, éviter de répondre du tac au tac, cela nous permet de garder la main sur l'échange et notre *self-control.*
- Faire une pause longue à tout moment si quelque chose nous désarçonne pour prendre le temps d'y réfléchir.
- Se fixer une limite de temps ou un nombre d'interactions maximum et s'y tenir.

- Garder en tête l'objectif qu'on s'est fixé pour cet échange en accord avec la raison de notre présence en ligne.

## Rester sur ce qu'il dit

Notre confrontation en ligne avec le troll n'est pas une affaire personnelle et ne devrait pas le devenir, il s'agit d'opposer un contre-discours à un discours faux ou problématique, pas de s'attaquer à une personne. Le troll et la personne qui le fait vivre en ligne peuvent être deux entités très différentes. Le troll est un costume, un personnage, un rôle qui peut être assez éloigné de la personne qui le fait agir. Notre objectif est de contrer son discours, pas de tenter de l'éduquer ou de le soigner. Enfin, si nous nous attaquons à lui personnellement nous tombons dans son piège et agissons comme lui. Rester calme et aussi objectif que possible en lui demandant d'expliquer et de préciser son propos est la meilleure façon de le mettre face à ses contradictions ou au caractère caricatural de ses messages… et surtout de les montrer aux autres lecteurs. Même si le troll se comporte de façon odieuse, il y a derrière l'écran, aux commandes du troll, un être humain. Lui l'oublie peut-être en ce qui nous concerne, ou n'en a cure, nous non !

## Imposer notre tempo

Ce n'est pas facile mais c'est indispensable. Si nous nous laissons embarquer dans le rythme de l'échange donné par le troll, nous allons être moins réfléchis et plus dans l'émotion. Le premier objectif est de ne pas permettre au troll de nous faire perdre notre temps. Tout comme nous avons pris la peine de décider de lui répondre ou non, il est essentiel de peser chaque réponse afin de déterminer à quel point elle nous semble utile, soit pour nous sentir mieux, soit pour nos lecteurs, soit pour les deux raisons cumulées. Après, à chacun de voir ce qui lui convient :

- Se fixer un temps minimum, dix minutes par exemple, entre chaque message.
- Faire une salve de réponses, laisser passer plusieurs heures avant d'éventuellement reprendre.
- Se fixer une, deux ou trois plages horaires par jour où nous lisons les messages des trolls et choisissons d'y répondre ou non.

Si nous sommes du genre hyperconnectés, nous pouvons neutraliser temporairement les trolls, en les masquant par exemple, en dehors des plages que nous avons fixées pour eux. Ainsi nous pouvons continuer à être réactifs pour nos autres interlocuteurs et accorder aux trolls le temps que l'on décide. Cette stratégie est également très utile pour les simples relous qui ne sont pas forcément des trolls, cela évite de se laisser envahir par les échanges négatifs délicats à gérer au détriment des échanges positifs et constructifs.

## Faire des pauses

Aucune règle, aucune loi, ne nous impose de répondre à tout le monde et encore moins tout de suite. IRL, dans un échange, on ne peut pas différer les choses, en ligne si, profitons-en ! Si le troll nous désarçonne par des propos excessifs, un argument imprévu, une pirouette pour détourner le propos ou autre… prenons le temps de réexaminer notre envie et la pertinence de continuer à lui répondre et, si nous décidons d'échanger encore, de trouver la meilleure réponse possible, à froid. Là encore il s'agit de ne pas se laisser embarquer, d'éviter la surenchère ou l'énervement toujours contre productifs, pour garder à l'esprit notre objectif initial d'un échange utile, si ce n'est pour le troll, au moins pour nos lecteurs. Il est donc conseillé de prendre le temps de débusquer le biais à mettre en évidence, ou de trouver un argument convaincant, ou la formule qui mettra fin à l'échange s'il tourne au n'importe quoi ou bien encore de décider que continuer à répondre serait trop chronophage pour nous ou simplement inutile.

## Se fixer des limites

Pour ne pas se laisser envahir et éventuellement finir par se sentir mal à cause de la négativité des messages des trolls, il est vital de fixer des limites. Comme on ne peut pas agir sur le troll, c'est à nous de nous limiter. Si nous avons décidé de répondre au troll, cela ne doit ni être trop chronophage, ni illimité dans le temps. Ne pas dépasser un temps et/ou un nombre de messages qui nous semble raisonnable est vraiment important car cela peut devenir sans fin et tourner en rond. Fatalement, un troll qui insiste aura le dessus et envahira notre espace numérique mais seulement si nous nous laissons faire.

## Garder en tête notre objectif

Enfin et surtout, il ne faut pas perdre de vue notre objectif, celui qui est à l'origine de notre présence en ligne (se distraire, partager une passion, s'informer, militer…) qui est, si tout va bien, compatible avec notre décision de répondre à ce troll : nous en profitons pour nous distraire, affûter nos arguments, contrer son discours, montrer que ce qu'il défend n'est pas pertinent… Dès que l'on sent que l'on est dans autre chose : l'énervement, la colère, l'envie d'avoir à tout prix le dernier mot, la lassitude… c'est le signe qu'il faut redresser la barre de l'échange ou simplement l'arrêter.

## ESSENTIELS À RETENIR

- Répondre aux trolls n'est ni interdit, ni obligatoire, c'est une possibilité que nous pouvons librement choisir et doser comme cela nous convient.
- Répondre à un troll ne le fera pas changer, ne doit pas servir à le juger, l'idéal étant que nos réponses soient utiles à nos autres lecteurs.
- Il faut garder la maîtrise du rythme de l'échange et être prêt à l'interrompre à tout moment.
- Ne jamais se laisser envahir par l'émotion sinon l'échange dérapera à notre désavantage.

## Que dit-on au troll ?

Là encore, pas de règles absolues, chacun fait comme il le sent, teste et réajuste. Ce qui fonctionnera bien avec un troll ne correspondra peut-être pas du tout à un autre et cela dépend encore et toujours du contexte, de nos choix et de la façon dont on se sent. Les meilleures réponses sont celles avec lesquelles nous nous sentons en accord, si en plus elles ont un effet sur le troll (le faire taire, le désarçonner, l'apaiser) tant mieux mais sinon tant pis.

### Politesse et respect

Rester poli et être respectueux de la personne qui agit derrière le troll n'est pas toujours facile, c'est pourtant essentiel pour être crédible. Cela permet aussi de montrer clairement aux lecteurs, qui s'imaginent facilement qu'ils ont affaire à une « guéguerre » entre deux camps autant de mauvaise foi l'un que l'autre, que non, cela n'est pas symétrique. Ne pas hésiter à vouvoyer le troll (même si par ailleurs on tutoie nos autres interlocuteurs), à lui souhaiter une bonne journée, à répondre à un message agressif ou insultant par un message factuel et très poli, cela donne un effet comique tout à notre avantage et peut déstabiliser le troll.

**Troll :** N'importe quoi, tu n'as rien compris !

**Nous :** Merci de ce retour, chaque avis m'aide à progresser. Pouvez-vous me préciser ce que je n'ai pas compris ?

**Troll :** *[Nous explique la vie de façon méprisante]*

**Nous :** Je prends note de vos remarques, merci d'avoir pris le temps de m'expliquer. Bonne soirée à vous.

## Des phrases courtes et des formules toutes faites

En utilisant des phrases courtes, on limite le flou et donc les risques de contresens et de surinterprétations sauvages. De plus cela donne une impression de clarté à notre message, il sera aussi plus difficile de nous faire dire ce que l'on n'a pas dit ou de prétendre que l'on aurait voulu dire ceci ou cela entre les lignes.

Utiliser des formules toutes faites comme « c'est la vie », « qui vivra verra », « à chacun son expérience », « c'est votre opinion »... ou des proverbes et des maximes, est un conseil donné par Isabelle Nazare-Aga[1] pour contrer les manipulateurs ; bizarrement ou non, cela marche aussi très bien avec les trolls. En effet, il est très difficile de répliquer et d'argumenter contre ces formules qui font partie de notre patrimoine commun. Elles sont également très précieuses pour conclure un échange car elles ont un caractère absolu et définitif qui complique la possibilité de répliquer.

**Troll :** Encore une feignasse de fonctionnaire qui veut en plus donner des leçons aux autres !

**Nous :** C'est votre perception mais pas mon intention.

**Troll :** *[Propos désobligeants]*

---

1. NAZARE-AGA Isabelle, *Les Manipulateurs sont parmi nous*, Éditions de l'Homme, 2005.

**Nous :** Je m'incline, lutter contre une opinion, c'est comme combattre des moulins à vent.[1]

## L'interrogation calme

Cette technique ainsi que les suivantes (en miroir, le désamorçage et la furie) sont décrites plus en détail dans l'ouvrage de Lillian Glass, *Ces gens qui vous empoisonnent l'existence* que je vous recommande, il est aussi utile IRL qu'en ligne.

L'interrogation calme, comme son nom l'indique, consiste à interroger calmement le troll sur ce qu'il a écrit en lui faisant préciser son propos. L'idéal est de procéder par une série de questions, courtes et neutres, auxquelles il devra répondre par oui ou par non.

**Troll :** Je déteste les profs, ils ne servent à rien !

**Nous :** Détestez-vous tous les profs, du monde entier, de la maternelle au supérieur ? Avez-vous au moins eu un prof que vous avez apprécié ? Pensez-vous que l'état devrait supprimer le métier de professeur ?

Cela force le troll à voir que ce qu'il a initialement dit est stupide et a des conséquences irréalistes, il ne l'admettra pas forcément en réponse mais sera obligé de se taire ou de détourner le sujet (ce que nous ne le laisserons évidemment pas faire !).

1. Inspiré d'une citation de Pierre-Claude-Victor Boiste, *Le Dictionnaire universel*, 1800.

### En miroir

Cela permet de renvoyer au troll le discours qu'il tient en en copiant la forme. Il ne manquera alors pas de s'offusquer de notre « agressivité », « mauvaise foi », « tendance à caricaturer »… Il suffira ensuite de lui montrer qu'il agit exactement comme cela et que nous n'avons fait que lui renvoyer la balle de la même façon. Attention, cette technique doit être limitée à un temps court et close de façon explicite au risque de passer soi-même pour quelqu'un ayant un comportement de troll ! Nous pouvons aussi juste lui renvoyer tranquillement sa rhétorique, ses expressions, mimer ses tournures de phrase… Cela va lui compliquer la tâche pour nous répondre puisqu'il va avoir un peu l'impression de se répondre à lui-même.

**Troll :** Les homosexuels sont des erreurs de la nature qui ne devraient pas exister !

**Nous :** Les homophobes ne devraient pas avoir le droit de s'exprimer sur Internet !

**Troll :** Et la liberté d'expression, tu en fais quoi !!!??? Ça te dérange quelqu'un qui ne pense pas comme toi et qui ose le dire ?

**Nous :** Je tiens à ma liberté d'exister et suis surpris que vous soyez dérangé par quelqu'un qui n'a juste pas les mêmes préférences sexuelles que vous.

## Le désamorçage

Il s'agit d'utiliser à des fins de désamorçage le précepte chrétien qui consiste à « tendre l'autre joue » quand on est attaqué. Encore plus que pour les autres techniques, il est très important de garder son sang-froid, de rester calme et bienveillant. Pour faire cela, il faut se mettre dans la posture suivante (uniquement si elle nous convient bien sûr) : le troll est un être malheureux, il est vraiment à plaindre, s'il se montre méchant c'est avant tout parce qu'il souffre. Nous allons donc nous mettre de son côté avec bienveillance et empathie. Attention, il ne s'agit pas de faire semblant et d'être au fond moqueur, il faut que ce troll-là nous fasse vraiment de la peine. Au lieu d'esquiver ou de lui renvoyer son agressivité, nous lui demandons pourquoi il dit cela, tentons de le comprendre et compatissons. Cette attitude surprend le troll et peut même l'apaiser mais il faut vraiment le sentir et être capable de le tenir de façon sincère tout au long de l'échange.

**Troll :** *[Propos insultants et violents à notre égard]*

**Nous :** Vous semblez très en colère, pouvez-vous m'expliquer ce qui vous met dans un état pareil ?

**Troll :** *[Explications énervées]*

**Nous :** Je comprends, c'est difficile à supporter en effet… Je suppose que [autre aspect non évoqué par le troll] doit aussi être pénible pour vous.

## La furie

Contrairement à la technique précédente, il est ici question d'exprimer notre fureur. Attention, pas brute, notre expression doit être plus que jamais claire et respectueuse mais elle peut être très cassante, violente voire grossière. Du type « Je ne peux pas vous laisser dire cela sans réagir, ces propos sont inadmissibles, intolérables pour moi parce que… ! » en étant bien attentif à attaquer uniquement les propos tenus et non la personne elle-même. Il est hors de question d'écrire par exemple : « Vous êtes un gros connard de dire cela ! »

Selon moi, la furie ne doit pas être un type de réponse régulier et systématique, il faut réserver cette technique à ce qui nous fait vraiment sortir de nos gonds tout en étant attentifs à bien formuler les choses. Il est vital de ne pas répondre en mode furie dans le feu de la discussion mais de bien préparer son message (ou sa série courte de messages), de le différer au moins un peu, et de le relire avant publication. Ensuite, il faut passer à un autre type de réponse ou ne plus rien dire selon le contexte et notre choix.

## Repérer les biais et les arguments fallacieux

Échanger avec les trolls, vous l'avez compris, ne peut avoir pour but de les convaincre, cela étant quasi impossible mais c'est une excellente occasion de nous entraîner à repérer les biais cognitifs. Ces mécanismes qui causent une déviation du jugement touchent les trolls comme tout un chacun et sont généralement particulièrement visibles chez eux à travers leur expression très caricaturale. La généralisation abusive, la technique de l'homme de paille, l'appel à l'ignorance, le faux dilemme… sont des raisonnements fallacieux courants que nous utilisons tous sans en avoir conscience. Or apprendre à les repérer chez les autres nous donne des moyens de les contrer et d'éviter de les utiliser nous-mêmes. Nous pouvons tout à fait utiliser les trolls pour nous améliorer dans notre capacité à argumenter (avec d'autres qu'eux !) de façon plus rigoureuse et efficace. Vous trouverez facilement sur le web des informations sur ces biais cognitifs, je vous recommande tout particulièrement le petit livre *Halte aux arguments fallacieux !* d'Ali Almossawi qui ressemble à un album pour enfants mais traite très sérieusement de la question.

Voici quelques exemples de biais cognitifs très courants faciles à repérer :

- **La généralisation abusive** consiste à partir d'un cas particulier, souvent un cas personnel, à monter en généralité : « Ce qui a fonctionné pour moi prouve bien que cela fonctionne pour tout le monde. »
- **La technique de l'homme de paille** est le fait de caricaturer les arguments de l'adversaire pour mieux pouvoir les rejeter après les avoir déformés jusqu'au ridicule.
- **L'appel à l'ignorance** est un faux raisonnement qui tient pour vraie une proposition que l'on ne sait pas réfuter : « Personne ne peut prouver l'inexistence de Dieu, donc Dieu existe ».
- **Le faux dilemme** consiste à présenter seulement deux propositions comme possibles en omettant volontairement les alternatives. Évidemment, une des deux propositions est le plus souvent inacceptable ou inenvisageable pour contraindre à devoir choisir l'autre.

Quand nous avons repéré un biais manifeste, nous pouvons utiliser pour répondre au troll un « point du ministère des biais et sophismes », disponible sur la page Facebook d'« Un Monde

Riant »[1] dans un album photos dédié. Ces « bons points » ou plutôt, ces « mauvais points » nous permettent de décerner par exemple un point Haddock « pour avoir dégainé les insultes plus rapidement que les arguments », un point anecdote « pour avoir généralisé comme preuve une anecdote personnelle non représentative » ou encore un point perfection « pour avoir rejeté une solution au motif qu'elle n'était pas parfaite ». Il en existe plus de cinquante différents, clairs et joliment illustrés, ils sont parfaits pour démasquer les biais du troll avec humour tout en étant pédagogiques pour nos lecteurs.

Quelques exemples :

**Troll :** Ces études disent n'importe quoi, le redoublement est une bonne chose. La preuve en est que j'ai redoublé mon CE2 et sans cela, jamais je ne serais arrivé jusqu'au bac !

**Nous :**

1. Page Facebook « Un Monde Riant », Album photos *Points biais et sophismes*.

**Troll :** Le niveau baisse [bla… bla… bla…] avant les élèves savaient aligner trois phrases correctement [bla… bla… bla…] ça suffit le nivellement par le bas !

**Nous :**

**Troll :** Je vous laisse chercher vous-mêmes sur Internet la preuve que j'ai raison…

**Nous :**

L'idéal est de collecter ces points (sur votre appareil numérique ou dans votre cloud) pour pouvoir les dégainer à tout moment. Ils sont disponibles pour un usage libre, mais mentionner l'auteur est toujours appréciable et plus correct. Ils doivent bien entendu être utilisés avec parcimonie et toujours en faisant preuve de pédagogie.

## Avec humour

Si le troll n'a pas entamé notre bonne humeur, l'humour est et reste un bon mode de réponse, léger et de nature à désamorcer les choses. Le gros avantage des échanges en ligne c'est que même si l'on manque de répartie IRL, là on a le temps de mûrir notre réponse, de trouver la formule qui fait mouche ou l'image (qui peut être un gif animé) adaptée à la situation. Choisir l'humour nous aide à différer, à, mettre à distance et nous détend tout en nous amusant ainsi que nos lecteurs. Attention néanmoins à éviter que le troll en soit directement la cible car comme je l'ai déjà précisé, le troll est très susceptible, même et surtout s'il manie lui-même l'humour ! Il vaut mieux se moquer de soi, de la situation, éventuellement de ce qu'il dit mais avec doigté.

**Troll :** [*Attaque sur notre physique*]

**Nous :** Et encore, vous n'avez pas vu l'état de mon/ma/mes [partie(s) du corps] en ce moment, un désastre ! [Texte accompagné d'un gif animé levant les yeux au ciel]

## En faisant mine de ne pas comprendre

Répondre avec naïveté à un troll peut être à la fois drôle et efficace. Prenons au premier degré ce qu'il écrit, faisons semblant de ne pas avoir repéré qu'il s'agit d'un troll et étonnons-nous de ses propos ou expliquons-lui calmement et clairement par le menu ce à quoi il a réagi de façon négative. Soit nous passerons pour un naïf aux yeux du troll, soit il ne sera pas dupe et cela l'agacera. Outre le côté amusant de l'exercice pour nous, cela permet de gérer l'échange avec distance sans le prendre trop à cœur. Personnellement, j'aime beaucoup jouer à la « cruche » qui prend tout au premier degré et voir le troll y croire ou au contraire l'imaginer se demandant si je suis vraiment bête ou si je suis en train de me moquer de lui.

### En montrant qu'on n'a pas peur de lui

Si nous avons affaire à un troll qui nous diffame, nous expose, pense révéler des choses peu reluisantes nous concernant… faire le contraire de ce qu'il attend peut le déstabiliser voire le faire abandonner. En effet, il suffit d'exposer nous-mêmes ce que ce troll dit de nous, de le montrer, de le diffuser. Sans nous justifier et selon le cas, en précisant que nous assumons ces soi-disant révélations qui n'en sont pas ou qu'il s'agit de déformations destinées à nous nuire. La honte change alors de camp et c'est le troll qui se retrouve dans une posture délicate, pris en plein flagrant délit d'attaque personnelle indigne. Inutile d'agresser le troll à notre tour, montrer ce qu'il fait et que cela ne nous fait pas honte mais est honteux pour lui, est de la simple légitime défense correcte.

### Rappeler le troll à l'ordre

Il peut être pertinent de faire des rappels à l'ordre au troll, toujours en gardant à l'esprit que d'autres que lui nous lisent. Nous pouvons lui rappeler que personne ne l'oblige à nous lire, à commenter ce que nous disons, ni même à fréquenter ce forum/cette communauté/notre page Facebook… qui le hérisse apparemment si fort ! S'il a dépassé les limites, un rappel à la loi peut être utile, la Loi avec un grand L ou simplement la charte ou les CGU (Conditions générales d'utilisation) de l'espace où il s'exprime. Nous pouvons aussi lui expliciter notre politique personnelle par rapport aux trolls, qu'il s'empressera probablement de tenter de mettre à mal et qu'il faudra d'autant plus tenir !

## Comment conclure ?

Quand le temps que nous avons décidé de consacrer à l'échange est passé, ou avant si cela perd de son intérêt ou tourne au vinaigre, il faut trouver un moyen de mettre fin à la discussion. Nous pouvons simplement décider de ne plus répondre mais nous pouvons aussi tenter de clôturer l'échange. Pour cela, utiliser une formule toute faite comme conseillé plus haut est assez efficace, moi j'aime bien écrire « Bon, nous ne sommes donc pas d'accord mais ce n'est pas grave » suivi d'un « bonne fin de journée » par exemple. Si le troll s'acharne à continuer, il ne fera que montrer que c'est lui qui ne supporte pas que l'on ne soit pas d'accord avec lui. Une autre façon de terminer est de conclure par une pirouette en lui donnant raison, là aussi, ce sera difficile pour lui, malgré le second degré évident, de continuer à nous interpeller sans être manifestement celui qui abuse. Il est aussi possible d'indiquer très sobrement que pour nous l'échange a atteint ses limites et qu'il est terminé en ce qui nous concerne. Il est évidemment important de ne pas répondre à nouveau après la clôture et ce n'est pas toujours facile… le mieux est alors de quitter Internet quelques heures ou de masquer le troll. Si nous tombons sur ses messages quelques heures plus tard, il sera beaucoup plus facile de résister à la tentation d'y répondre et lui aura pris acte de notre décision de terminer la conversation.

## À NOUS DE JOUER !

Ces façons de répondre sont bien évidemment non exhaustives, à nous de trouver celles qui nous conviennent le mieux et d'en imaginer d'autres. De l'envoi systématique de photos de chats à une formule récurrente en passant par une technique adaptable et sophistiquée, tout est possible. N'hésitez pas à proposer un billet décrivant votre façon de répondre aux trolls sur le blog « Dompter les trolls ».[1]

### EXERCICE

**Quand un nouveau troll se présente, tester un des types de réponse proposés qui nous convient et semble adapté à la situation. Observons-en les effets sur nous et sur le troll.**

1. Site compagnon de cet ouvrage : www.dompterlestrolls.fr

# ESSENTIELS À RETENIR

Comme dans les arts martiaux, l'idéal pour répondre à un troll, est d'utiliser la force de l'adversaire à notre avantage :

- Il s'énerve, s'agite ? Nous restons calmes et posés.
- Il éructe, insulte, dit n'importe quoi ? Nous restons polis, respectueux, nuancés et raisonnables dans nos propos.
- Il fait preuve de mauvaise foi ? Nous restons modestes et admettons ne pas tout savoir et pouvoir nous tromper.
- Il s'acharne, insiste, devient harcelant ? Même si nous l'affichons en retour pour rendre son comportement visible à nos lecteurs, nous ne nous appesantissons pas et passons vite à autre chose.
- Il tient des propos impressionnants ou très choquants ? Nous ne nous laissons pas déstabiliser, et pointons fermement en quoi ces propos sont inadmissibles.

## TÉMOIGNAGE DE MATHIAS – MON EXPÉRIENCE SUR TWITTER

*Mathias est professeur des écoles, il a récemment découvert le petit groupe des profs trolls anti-pédago et sa patience extrême pour discuter calmement avec eux m'impressionne. Voici son témoignage.*

Au début, j'utilisais Twitter pour m'informer et partager des articles, pas plus. Tout s'est emballé quand j'ai vu passer dans une discussion que la philosophie pour les enfants ne serait qu'« un bric-à-brac intello ». J'ai commencé à m'intéresser à ce compte pour voir de quelle idéologie il se réclamait. En creusant ses arguments, je me suis aperçu qu'une vision rigoriste de l'instruction était derrière : l'enfant a un défaut d'instruction, d'expérience et de maturité, donc il ne peut pas faire de philosophie ! Tous mes principes d'éducation nouvelle et populaire se sont réveillés. J'ai commencé à jeter un œil aux fils de discussion où pouvaient apparaître ces visions via les comptes amis de ce profil. J'y découvrais des visions de l'éducation essentiellement disciplinaires, individualistes et des conversations à la limite du bar PMU et du « tout va mal ». J'ai commencé à y répondre, à provoquer gentiment. Les comptes répondaient et je m'en amusais. Puis sont arrivés les comptes anonymes en lien avec cette nébuleuse : des renards, des chats, des faucons… Je continuais à les pousser dans leur vision rigoriste sans jamais rentrer dans leurs jeux d'insultes (j'ai dû me laisser tranquillement traiter d'idiot, de sac à merde, de con, de parasite, de nuisible, de gogol…). Les conversations devenaient des tempêtes de notifications, de plus en plus de monde likait leurs parades et ils s'auto-glorifiaient de démasquer ce qu'ils appelaient des délires de « pédagogos », pouffaient devant la moindre erreur d'orthographe ou de frappe, qui est pour eux l'argument ultime d'une incapacité à participer à la discussion. Un jour, un des rigoristes a posté une attaque contre un formateur qui utiliserait un dico de pédagogie. Naïf et provocateur je demande des renseignements… Quelle erreur de ma part ! Le rigoriste se lance dans une série de plus de 150 messages. Il a passé son après-midi et sa soirée à tenter de m'éduquer… Je me marre. Dès lors, je remarque une constante : celle d'afficher les gens. Chez les rigoristes, on passe plus de temps à dénigrer ceux qui font le même métier qu'à proposer des situations didactiques ou pédagogiques. Leurs comptes n'existent que pour nuire et s'auto-glorifier de leurs trouvailles.

Derrière leur idéologie : la magie du maître tout-puissant, du maître qui contrôle les élèves par le regard, l'enseignement qui va de soi, sans réfléchir, sans hésiter, inconsciemment… Avec toutes ces vieilles valeurs, je continuais à prendre plaisir à les provoquer. Et puis est arrivé un compte parodique se moquant d'eux : @leprofquirâle ! Ce compte rediffuse leurs tweets avec un commentaire descriptif et non insultant commençant par « le prof qui râle… ». Ah mon sauveur… Le jeu de mettre en miroir leurs contradictions est tellement fort, tellement intense que tous ont protesté, il a créé le malaise parmi les rigoristes. Du grand art. Du trollage de trolls. En lisant les rigoristes, j'ai découvert des gens qui pensent comme moi, qui ont subi ces attaques, qui partagent les mêmes valeurs, du moins celle de ne pas humilier à tout vent. Je pense que nous devons être conscients du malaise chez certains trolls qui pratiquent un acharnement sur des boucs émissaires. Cela devient leur raison de vivre. Leur haine profonde est renforcée par le pouvoir d'autoglorification d'un groupe les confortant dans leur mal-être. Une personne qui tweete plusieurs fois par jour sur son compte des attaques envers une même personne pour faire rire et se glorifier, est une personne qui souffre d'un manque de reconnaissance.

5

# Cinq conseils à garder en tête

## NE JAMAIS SE JUSTIFIER

S'il est une règle absolue avec les trolls, c'est celle de ne jamais se justifier. Même si le troll a appuyé sur une faille, pointe une chose maladroite qu'effectivement nous aurions pu mieux expliquer, nous ne lui devons rien, son avis et ses jugements ne doivent pas peser sur nous. Si nous nous défendons en lui répondant, nous aurons l'air d'être en faute et pire, nous validerons le troll comme interlocuteur valable. Si, à la réflexion, des explications nous semblent nécessaires sur le fond, elles sont à faire en différé à froid et surtout pas en réponse au troll, adressées à lui ou en faisant référence à lui. En effet, les accusations et jugements grotesques doivent rester sans réponse : le troll est ridicule de les proférer, les prendre en compte serait rentrer dans son jeu ! S'il exploite une faille, qui après réflexion nous semble devoir être explicitée, rectifiée ou pour laquelle nous pensons devoir faire amende honorable, c'est uniquement parce que nous le jugeons pertinent ; il nous a aidés à repérer ce point faible, tant mieux, lui en laisser la paternité, surtout au milieu de toutes les insanités qu'il a pu proférer sur nous, serait à coup sûr contre-productif. Nous pouvons au choix et selon les cas, rectifier le tir, expliquer et clarifier, nous excuser, mais en différé et sans référence au troll. On peut aussi le faire sur un autre support que sur celui où le troll nous a interpellé : un blog par exemple, cela ajoutera une distance supplémentaire.

## Attention à l'effet Streisand !

« L'effet Streisand est un phénomène médiatique au cours duquel la volonté d'empêcher la divulgation d'informations que l'on aimerait garder cachées – qu'il s'agisse de simples rumeurs ou des faits véridiques – déclenche le résultat inverse. Par ses efforts, la victime de l'effet Streisand encourage malgré elle l'exposition d'une publication qu'elle souhaitait voir ignorée. Il s'agit donc à proprement parler d'un "effet pervers" »[1]. Le nom de cet effet vient de l'histoire d'une photo aérienne de la propriété de Barbra Streisand prise à des fins d'étude du littoral. La chanteuse a fait appel à la justice pour empêcher la diffusion de cette photo mais en faisant cela, elle a attiré l'attention de plus de 420000 internautes sur ce cliché qui autrement serait probablement passé inaperçu.

Parfois, à vouloir réagir à des propos indignes on court surtout le risque de les diffuser davantage. Il faut donc être vigilant quand on se trouve dans un contexte propice à un buzz qui nous desservirait personnellement ou nuirait à une cause qui nous tient à cœur. On a toujours l'impression qu'un troll est plus lu et a plus d'impact qu'il n'en a en réalité. Or quand nous lui répondons, le controns, le contrarions, nous courrons le risque non négligeable de lui donner de la visibilité, de faire réagir d'autres trolls et de diffuser son message au lieu de l'étouffer dans l'œuf. Il est parfois très difficile de ne pas réagir à des propos odieux que nous voudrions dénoncer, mais il est plus sage de ne pas répondre à la provocation, souvent voulue consciemment et orchestrée par le troll.

1. Définition provenant de la page Wikipédia : « L'effet Streisand ».

## NE PAS RESTER SEUL

Il est précieux de se trouver des alliés, encore mieux des experts de la question soulevée, qui vont pouvoir prendre le relais sans la charge émotionnelle que nous pouvons mettre suite à l'intervention musclée du troll. Si nous en avons marre, que ça nous « prend la tête »… laissons d'autres prendre le relais. Et pensons à encourager et féliciter ceux qui s'y collent en message privé par exemple, cela fait toujours du bien de savoir qu'on a été utile en soulageant quelqu'un d'autre.

## RÉPONDRE AUX MESSAGES DES TROLLS SANS LEUR RÉPONDRE À EUX

On peut aussi choisir de répondre au discours d'un troll sans répondre au troll lui-même. Je m'explique… au lieu de lui répondre directement, nous prenons note de ses objections et arguments et, tout en ignorant ses messages, nous continuons de préciser notre message en contrant ce que dit le troll sans jamais le mentionner. Nous pouvons procéder soit dans le cadre d'une discussion avec d'autres interlocuteurs valables, soit en nous exprimant directement.

S'il s'en rend compte, cela l'agacera beaucoup car il est alors privé de la mise en avant qu'il espérait obtenir à travers nous. C'est une bonne façon de contrer les trolls sans leur faire de publicité. Eux capteront peut-être qu'on répond à ce qu'ils disent, mais les lecteurs qui n'ont pas lu les trolls ne verront que nos messages sans aucune référence à ceux des trolls. C'est une stratégie idéale pour éviter la confrontation directe, qui peut être épuisante, tout en contrant ce qu'ils diffusent. De plus,

TIENS MOI BIEN...
JE VAIS L'AVOIR
CE TROLL !

cela nous oblige à transformer un contre-discours en discours, à passer du « c'est scandaleux que des gens parlent ainsi ! » à « je trouve que défendre cette idée, ces valeurs est essentiel parce que… ».

## Ne pas perdre de vue la stratégie de non-réponse

Après cette série d'éléments pour nous aider à répondre aux trolls, il est important de rappeler que bien souvent le plus sage, le plus efficace et le moins coûteux en temps et en énervement est… de ne pas répondre du tout ! Faut-il pour autant ne pas lire du tout les trolls et les ignorer ? Oui… ou non ! Là encore ça se discute…

Refuser de répondre, répondre un peu, répondre beaucoup… ces trois solutions complémentaires, que l'on peut choisir tour à tour suivant notre état intérieur ou le contexte, peuvent se combiner à un passage de relais fluide et efficace avec d'autres internautes.

## ESSENTIELS À RETENIR

- S'excuser, s'expliquer auprès de ses lecteurs si nécessaire mais ne jamais se justifier vis-à-vis du troll.
- Se méfier de l'effet Streisand qui diffuse ce qu'au départ nous voulions protéger
- Ne pas rester seul, parler avec d'autres des soucis que nous causent les trolls
- Contrer les propos des trolls sans s'adresser directement à eux
- Ne pas oublier la stratégie de non-réponse, simple et non chronophage : choisir ou non de lire les trolls sont deux pratiques ayant chacune leur intérêt

## TÉMOIGNAGE DE LUC CÉDELLE - MES FIDÈLES COMPAGNONS LES TROLLS

*Luc Cédelle est journaliste, depuis longtemps spécialiste et passionné des questions d'éducation. Très présent sur Twitter, il échange régulièrement avec des trolls et semble avoir développé pour eux une certaine affection.*

Sur les trolls, j'ai un point de vue probablement original : je les aime. Évidemment, comme ils sont généralement détestables, je ne les aime que « quelque part ». C'est une affection très partielle. Mais elle suffit à me les rendre globalement supportables. D'ailleurs, je ne les bloque même pas. Sur Twitter, je n'ai jusqu'à présent bloqué, à mon souvenir, que deux ou trois cas extrêmes, pour ne pas subir des propos orduriers ou carrément nazis. Sinon, les trolls, je les supporte tous. Même ceux avec lesquels j'ai beaucoup, comme on dit, « clashé ». Parfois, à la longue, on en vient même – j'écris « on » car le constat est valable des deux côtés – à relativiser ces algarades numériques. L'actuelle confusion idéologique générale, avec quinze gauches et douze droites qui n'ont plus rien en commun, fait que je me suis, sur certains sujets non éducatifs, découvert du même bord que certains de mes trolls les plus virulents. Et réciproquement.

Résultat : on ne peut même plus se haïr tout à fait… Et la fidélité fait le reste. Car le troll est fidèle. C'en est même touchant. Bien sûr, il construit son personnage en vous attaquant sans relâche. Vous êtes le miroir, ou l'un des miroirs, dans lequel son narcissisme s'investit. Mais l'inverse, avouons-le, a aussi une part de réalité. Au plus profond de la déprime, de l'échec ou de la solitude, il restera toujours dans les replis de l'Internet, de petits personnages magiques qui ne vous oublient pas et pour qui vous comptez. Vos trolls. Ils font partie de votre aura. Ils épaississent votre trajectoire numérique et contribuent à vous rendre – relativement, certes, et dans un tout petit milieu, et de manière très éphémère – important.

[…]

L'idée, érigée en principe, qu'il ne faut pas « nourrir le troll » en lui répliquant n'est pas satisfaisante. Je dirais surtout qu'elle est incomplète et qu'il faut savoir doser l'effort. Souvent ne pas réagir, parfois répondre mais s'arrêter à temps, puis laisser filer. En revanche, moucher un troll de temps à autre est possible et représente un exercice d'hygiène intellectuelle épuisant mais gratifiant. D'autre part, la proximité, qui se traduit parfois en superposition, entre le trollisme et la diffamation implique une obligation de réponse : il y a des choses que l'on ne peut pas laisser passer car « qui ne dit mot consent ». C'est la pire des situations, car il faut alors ferrailler sans sortir de ses gonds, puisque le troll n'attend que cela. L'exercice est difficile car la tentation du doigt d'honneur existe. Mais c'est une situation qui découle naturellement de toute présence sur les réseaux sociaux. On y est ou on n'y est pas. Et si on y est, il faut assumer que c'est un espace public d'expression où son personnage public peut prendre des coups et devoir y répondre. Twitter, de ce point de vue (je parle du Twitter des militants et des journalistes, pas de celui des MDR, PTDR et FDP à perte de vue) c'est la dimension politique de chaque personne. C'est le choix d'entrer dans l'arène, celle où l'on va rencontrer tous les « méchants ». Les trolls en sont une variété. On dit qu'ils ne sont qu'une poignée, une frange, qu'il ne faut pas être impressionné par leur aigreur compulsive, que leur activisme numérique ne doit pas faire illusion, etc. Je n'en crois rien. Le plus important à comprendre, à mon sens, est qu'ils sont *représentatifs*. Que cela plaise ou non. Représentatif ne veut pas dire majoritaire, mais appartenant à un courant d'opinion. Pour l'un qui prend la peine de s'exprimer sur la toile, il y en a cent ou mille, ou dans certains cas dix mille, qui pensent exactement la même chose.

[…]

Les trolls émettent des signaux. Et les signaux sont importants. Il faut donc, bon gré mal gré, aimer les signaux et – au moins « quelque part » ! – ceux qui les émettent.[1]

1. Retrouvez l'intégralité du témoignage de Luc Cédelle en ligne sur le site compagnon de ce livre : dompterlestrolls.fr.

# 6

# Comment gérer les situations de crise ?

Que nous en soyons victimes ou témoins, ces situations requièrent beaucoup de sang-froid et de délicatesse. Nous allons d'abord voir ce que nous pouvons faire si nous en sommes victimes puis comment nous pouvons aider quelqu'un d'autre.

## La « shitstorm »

Même si nous ne sommes pas une célébrité nous pouvons à un moment ou à un autre être victime de ce que l'on appelle une « *shitstorm* » qu'on peut traduire littéralement par « tempête de merde », c'est-à-dire un déferlement de commentaires haineux sur internet (on parle aussi de « raid en ligne »). L'avantage quand on n'est pas une personne publique de premier plan, c'est que ça arrive assez rarement et dans des proportions limitées, mais c'est néanmoins une situation très désagréable à gérer.

Souvent cela s'enclenche suite à un message de notre part, peut-être maladroit, mais surtout surinterprété, déformé, isolé de son contexte et diffusé par des trolls avec violence et indignation. « Regardez ce qu'il/elle a osé dire, c'est scandaleux/quel mépris... ! » Ensuite des internautes que nous ne connaissons pas, qui ont lu l'indignation des trolls vont venir à leur tour nous interpeller de façon plus ou moins agressive ou carrément insultante.

Nous allons avoir beaucoup plus de mentions que d'habitude, une grande quantité de messages haineux, c'est très déstabilisant mais le plus souvent ce n'est vraiment pas grave (en tout cas pas autant que ça en a l'air) et dans quelques heures cela sera terminé. Notre mission : prendre soin de nous, rester aussi calme que possible, ne pas envenimer la situation et attendre qu'elle se termine d'elle-même.

Bien évidemment ce genre d'épisode peut être particulièrement violent, nous affecter de façon profonde et être très douloureux. Dans ce cas-là, les conseils qui suivent ne sont pas forcément adaptés à une situation extrême où il faut trouver urgemment de l'aide et nous protéger avant toute autre considération.

## Que faire en cas de *shitstorm* ?

Évidemment si le message à l'origine de toute cette agitation est un vrai dérapage de notre part (ça arrive), nous l'effaçons et présentons nos excuses et si la *shitstorm* se déclenche quand même, le reste de cette partie, sauf le premier conseil, reste pertinent.

Tout d'abord, **ne pas supprimer le ou les messages qui ont tout déclenché**. En effet, c'est un premier réflexe que l'on a souvent mais qui aggrave la situation. Si notre message est juste éventuellement maladroit mais surtout manipulé, il ne faut pas l'effacer une fois la *shitstorm* commencée car cela sera pris comme un aveu de culpabilité et la capture du message risque de circuler, éventuellement tronquée et sans contexte. Laisser le message d'origine en ligne permet à ceux qui se demandent ce qui se passe d'aller lire par eux-mêmes nos propos complets et en contexte afin de se rendre compte de la manipulation dont nous faisons l'objet.

**Ne pas culpabiliser**, nous sommes des êtres humains faillibles, nous avons commis une maladresse, provoqué des réactions faussement outrées mais nous sommes surtout victimes d'une surinterprétation sauvage et caricaturale de la part de personnes malveillantes à notre encontre. Ce sont les personnes qui nous exposent ainsi à la vindicte des internautes qui devraient avoir honte de leurs agissements, pas nous ! À propos du sentiment de honte, je recommande vivement l'ouvrage *La Honte !* de Jon Ronson, l'auteur, grand reporter, a rencontré des personnes victimes de *shitstorm* et explore les mécanismes de l'humiliation publique en cherchant à comprendre ce que cela produit et les facteurs qui font que nous ressentons ou non de la honte dans ces circonstances. Il explique notamment que ces phénomènes d'humiliations publiques sont en quelque sorte des histoires à propos de nous que les autres racontent à notre place. Nous ne pouvons effacer cette version qu'on nous impose de force, juste essayer d'y répondre ou d'en écrire une autre…

Revenons à nos moutons, à nos trolls plutôt, qui débarquent en meute… s'indignent, nous demandent des comptes, des excuses publiques le tout en nous insultant copieusement. **Il ne faut surtout pas leur répondre et ne nous justifier en aucun cas**. Aucune réponse ou excuse ne les apaisera, chaque mot que nous emploierons sera utilisé contre nous et aggravera l'ampleur et la durée de la crise. De plus, tenter de s'expliquer à chaud donne toujours l'impression aux autres lecteurs que nous nous sentons en tort. Si nous avons des choses à dire, à clarifier ce sera pour plus tard et sûrement pas en nous adressant aux trolls. Au cœur de la crise, on peut, si nécessaire, donner une précision, faire un démenti, ou préciser ce qu'on a voulu dire, mais de façon brève, claire et aussi factuelle que possible. Cela juste une fois et pas en réponse aux messages haineux.

Pour les messages des non-trolls, mon conseil est de **ne pas leur répondre non plus**, parce que la plupart des gens qui viennent nous agresser suite à un message de troll n'ont pas envie de comprendre ce qui se passe vraiment mais viennent juste se joindre à la curée. Ne perdons pas de vue que nos réponses publiques à d'autres personnes risquent d'être manipulées et utilisées par les trolls pour alimenter la *shitstorm*. Si l'internaute nous interpelle de façon non agressive et semble vouloir comprendre ou que nous le connaissons, nous pouvons lui donner des éléments d'explication en privé, remettre les choses en contexte et indiquer que nos propos font l'objet d'une manipulation pour nous faire dire ce que nous n'avons jamais eu l'intention de dire.

**Couper les notifications** et éviter d'aller lire ce qui circule pendant la crise est essentiel, c'est très difficile mais il faut essayer. Sinon, nous pouvons au moins nous limiter en allant faire un point toutes les trois heures par exemple. Rester connecté à guetter chaque nouveau message n'arrange pas la situation et dégrade notre état intérieur. Prenons l'air, occupons-nous d'autre chose, distrayons-nous… pour le moment nous ne pouvons rien faire, il faut lâcher prise. Ça peut être le moment de relire la partie « Pourquoi les trolls se permettent-ils sur le net ce qu'ils ne feraient pas ailleurs ? » (page XX) qui explique les effets de désinhibition de John Suler pour nous aider à mettre tout cela à distance au moins provisoirement, le temps que la crise passe.

**Documenter ce qui se passe** ou mieux, demander à un tiers de le faire pour nous. Il est important de récolter ce qui se passe (captures d'écran, compilation…) pour plusieurs raisons. Si cela dérape vraiment nous aurons tous les éléments pour éventuellement engager une action en justice ; mais sans en arriver jusque-là, ces éléments nous permettront après coup d'analyser avec recul ce qui s'est passé, de repérer les erreurs éventuelles à éviter la prochaine fois mais aussi de témoigner en montrant concrètement les messages. Sur le moment, l'idéal est de demander à un soutien, un allié, de faire ce travail pour nous afin de pouvoir prendre de la distance pendant la crise. Sinon, on peut le faire en différé, quand la *shitstorm* est terminée mais sans attendre trop non plus car certains messages risquent d'être effacés par leurs auteurs. Sans devenir obsessionnel, c'est un bon réflexe même en dehors de ces situations critiques, de récolter des messages les plus problématiques, pour pouvoir en retrouver la trace en cas de besoin.

**Le vrai secret c'est juste d'attendre et surtout de nous taire**, les trolls et ceux qui les suivent passeront à autre chose quand ils auront fini de ronger leur os. Cela dure rarement plus de vingt-quatre heures, au pire quelques jours.

Concernant notre activité en ligne le mieux est de **faire une pause dans un premier temps puis de recommencer à interagir comme d'habitude**, en évitant pendant quelques jours tout sujet polémique. Ne pas répondre aux messages concernant la polémique (même à ceux de soutien, les liker suffit), ne pas commenter ce qui se passe, ne pas chercher à s'expliquer – hors d'une éventuelle et unique clarification – est primordial. Si nous interagissons pendant la crise, même très prudemment, cela va alimenter et prolonger la *shitstorm*. Le silence total de notre part jusqu'à ce que ça se calme est vraiment un impératif !

**Ne pas hésiter à nous confier, à en parler si nous en ressentons le besoin**, en choisissant des personnes de confiance qui

MAIS, QU'EST-CE QUI S'EST PASSÉ ?
CE N'EST RIEN, C'EST JUSTE UNE PETITE SHITSTORM !

peuvent comprendre la situation IRL ou en message privé. Éviter absolument ceux qui risquent, par méconnaissance des réseaux sociaux ou par manque de bienveillance envers nous, de nous renvoyer que « quand même nous l'avons bien cherché aussi ! »

Enfin, il faut aussi et surtout **relativiser** ! Ce moment certes très désagréable aura finalement très peu d'impact, voire aucun, sur notre image. Ceux qui nous connaissent et aiment nous lire savent qui nous sommes, les trolls continueront de nous détester comme avant et les opportunistes qui ont participé à la curée nous ont déjà oubliés. Ceux qui nous agressent ne disent rien de nous et montrent juste qu'ils ont un comportement odieux N'oublions pas qu'ils sont moins nombreux et moins influents qu'ils en ont l'air et que ceux qui les écoutent ont la mémoire courte et s'intéresseront vite à l'indignation suivante. Cet épisode nous attirera plutôt de la sympathie de la part de nos lecteurs réguliers qui vont compatir et admirer notre sang-froid (même s'il n'est qu'apparent) pour gérer la situation.

Quand la tempête est passée, qu'il n'y a plus de messages résiduels, que plus personne ne l'évoque, **nous pouvons commencer à envisager, si nous le jugeons utile, de faire une mise au point**. Elle doit vraiment être différée (plusieurs jours après la fin) et très pesée. Ce peut être un message dans l'espace où la *shitstorm* a eu lieu, ou mieux, dans un autre espace dont on donnera le lien (un blog par exemple). Ce texte ne doit pas être adressé à ceux qui nous ont agressés mais à nos lecteurs qui n'ont peut-être pas compris ce qui s'est passé. Il est conseillé de faire relire cette mise au point afin de vérifier qu'elle n'est pas agressive ni plaintive ce qui risquerait de relancer la polémique. Nous pouvons tout à fait légitimement qualifier d'inadmissible la *shitstorm* dont nous avons fait l'objet mais nous plaindre donnera de nous une image de victime et nous expose à l'accusation de « faire du drama », c'est-à-dire de susciter des drames et de les monter en épingle pour nous faire plaindre. Il vaut mieux prendre plutôt une attitude d'analyse de la situation en qualifiant l'attitude de nos agresseurs sans exposer notre ressenti. Cette étape de mise à plat n'est pas nécessaire de façon systématique, c'est uniquement à nous de décider si elle est pertinente ou non en fonction du contexte et de notre envie.

## Que penser d'une *shitstorm* ?

Si on veut utiliser le modèle de Brooke (voir chapitre suivant) pendant une *shitstorm*, je suggère d'utiliser une pensée du type : « En fait, ce qui se passe en ce moment c'est comme si les trolls et leurs suiveurs plantaient des aiguilles dans une poupée vaudoue à mon effigie. Ils se servent de ce qu'ils croient savoir de moi pour décharger leur agressivité mais cela n'a rien à voir avec ce que je suis, ne me concerne pas et ne devrait pas m'atteindre. »

Cette pensée me convient très bien et elle est confortée par une chose que j'ai remarquée à plusieurs reprises… Il m'arrive de temps en temps de montrer à mes lecteurs un message de troll particulièrement choquant et/ou violent et cela n'a jamais déclenché une *shitstorm* contre le troll en question, tout au plus un ou deux messages désapprobateurs. Or j'ai beaucoup plus d'audience qu'eux et donc potentiellement plus de pouvoir de « nuisance » dans ce cas de figure, alors pourquoi est-ce différent ? Et bien simplement parce que la communauté que je fréquente, les gens qui me lisent, ne sont très majoritairement ni des trolls, ni des *haters*. Les trolls ont une meute prête à bondir sur le premier bouc émissaire venu, moi j'ai des contacts, plutôt respectueux les uns des autres, prêts à se montrer solidaires et à apporter du soutien mais pas à sauter à la gorge de ceux qu'on leur désignerait !

## Comment soutenir une victime de trolls ?

Quand on est témoin d'une agression d'un ou plusieurs trolls envers un de nos contacts, il n'est pas toujours facile de savoir quoi faire pour l'aider. Nous pouvons légitimement craindre d'être maladroit, d'empirer la situation voire d'être victime à notre tour des trolls. Mais intervenir, réagir, soutenir est la plus puissante des armes anti-trolls, en effet ces derniers comptent bien sur l'isolement de leur victime pour s'en donner à cœur joie. Dans son livre *Faut-il avoir peur des Fakenews ?*, la sociologue des médias Divina Frau-Meigs évoque la constitution d'une armée des elfes pour contrer l'armée des trolls et il me semble que c'est la bonne voie à emprunter. Il ne s'agit pas bien sûr de partir en guerre avec les mêmes armes qu'eux mais de prendre conscience que nous sommes infiniment plus nombreux et de nous montrer solidaires. Pour rappel, l'étude « Trolls just want to have fun »[1] évalue qu'ils représentent moins de 6 % des internautes, ils sont bruyants certes mais ne pas les laisser prendre une place inconsidérée dépend aussi de chacun de nous.

1. Buckles, E. E., et al., *Trolls just want to have fun*, Personality and Individual Differences, 2014 (en anglais).

Oeillet Audrey, *Sadiques et psychopathes : les trolls du Web au cœur d'une étude*, Clubic, 17/02/2014 : https://www.clubic.com/internet/actualite-619500-sadiques-psychopathes-trolls-web-coeur-etude.html (article sur l'étude en français).

## Ce qu'il ne faut surtout pas faire

Même si notre premier réflexe peut être de se jeter tête baissée dans la bagarre contre eux, insulter à notre tour violemment les trolls, se comporter comme eux, appeler d'autres internautes à la rescousse… c'est une très mauvaise idée. Cela apporte sur un plateau aux trolls un « tous pareils » qui leur permet de se dédouaner et de refuser le fait qu'ils sont des agresseurs qui s'en prennent à une victime. Cette attitude enfonce la victime au lieu de la soutenir et peut en plus la mettre mal à l'aise, c'est à éviter absolument !

Deuxième erreur classique tout à fait contre-productive, ne surtout pas donner de conseil à la victime du type « tu ne devrais pas faire-ci, dire ça, te mettre dans cette situation… ça attire/déclenche les trolls » qui culpabilise. Elle n'a rien à se reprocher : être maladroit, non consensuel, militant de causes sensibles… ne justifie en aucun cas d'être attaqué violemment en ligne par des trolls. Elle a besoin de notre soutien, pas de se sentir jugée. Il faut savoir que cette réaction spontanée de rendre, au moins un peu, la victime responsable est un biais de pensée universel à combattre. En effet, selon les recherches en psychologie sociale, considérer que la victime a contribué à ce qui lui arrive nous aide à éloigner le sentiment de menace pour nous-mêmes, c'est un réflexe de protection contre l'angoisse que la même chose puisse nous arriver. Pensons donc plutôt à dire à la victime qu'elle n'est pas responsable, surtout si elle se sent coupable d'avoir déclenché l'incident, qu'elle n'a rien à se reprocher et que ce sont les trolls qui ont ici un comportement inadmissible.

Attention à ne surtout pas minimiser ce qui lui arrive, ce qui se passe en ligne est réel, a de vraies conséquences, atteint la victime et la fait vraiment souffrir. Lui dire que c'est normal qu'elle se sente mal sans relativiser l'importance de son ressenti est important. Par contre n'hésitons pas à relativiser l'importance des trolls. Ils ont souvent peu de lecteurs, aucune crédibilité et sont essentiellement lus par leurs semblables, il peut être utile et surtout réconfortant de le rappeler à la victime. Ils ne disent rien d'elle et montrent seulement qui ils sont, des êtres insupportables, irrespectueux et sans intérêt !

## Toujours consulter la victime

Quand nous avons envie d'intervenir, il est essentiel de consulter la victime et de retirer tout message que nous avons pu faire avec une bonne intention mais qui la met mal à l'aise. En effet, chacun réagit à sa façon, comme il peut. Certains se sentent soutenus par des interventions publiques, d'autres préfèrent éviter les vagues inutiles et être le moins visibles possible... Être à l'écoute de ce que ressent la victime et de ses besoins est évidemment essentiel. De plus cela peut évoluer dans le temps, elle peut dans un premier temps préférer le silence, puis quand l'incident est un peu digéré avoir besoin de nous pour diffuser sa réaction.

Le mieux est de contacter la victime en message privé, de l'informer que nous avons vu ce qui lui arrive et lui demander comment nous pouvons la soutenir. Si elle vous répond qu'elle ne sait pas, n'hésitez pas à lui faire des propositions concrètes, à lui soumettre un message que vous pourriez faire...

## Les choses à faire

Nous pouvons la contacter, de préférence en message privé, être à l'écoute, en empathie et lui proposer votre aide. C'est le bon moment pour lui dire pourquoi nous apprécions sa présence en ligne et ce que cela nous apporte.

Par ailleurs il peut être utile de documenter ce qui se passe : captures d'écran, collecte des liens vers les messages violents... La victime n'y pense peut-être pas et cela pourra lui servir plus tard pour répondre, analyser ce qui s'est passé ou pour intenter une éventuelle action en justice. Il ne faut bien sûr en aucun cas utiliser ou diffuser ces éléments sans l'accord de la victime, mais on peut lui proposer après l'incident de les lui envoyer à toutes fins utiles. Il est aussi possible de lui indiquer pendant l'incident, en cas de *shitstorm* par exemple, qu'on se charge de cette documentation et qu'elle n'a pas à s'en préoccuper. Cela peut l'aider à se tenir à distance d'Internet le temps que ça se calme sans craindre de ne pas retrouver ensuite des éléments dont elle devrait avoir connaissance.

Condamner publiquement l'attitude du ou des trolls peut être pertinent et ne nécessite pas forcément de nommer les pseudos des trolls ni d'identifier la victime. Bien rester dans la condamnation de l'attitude et non des personnes et être factuel autant que possible est évidemment plus efficace. Nous pouvons éventuellement par un ou deux messages secs signifier aux trolls que leur comportement est inacceptable ou dire que nous sommes d'accord avec ce que la victime a exprimé et que nous ne l'interprétons pas du tout comme eux, ou qu'elle a le droit de le dire même si on n'est pas d'accord avec elle mais c'est tout. Sinon nous risquons d'envenimer les choses, de prolonger la polémique et d'être aussi pris à partie. Ne pas perdre de vue comme cela a été précisé plus haut que pour tout type d'intervention, ce que souhaite la victime est à prendre en compte avant toute autre considération.

Enfin, pensons à soutenir aussi la victime en lui renvoyant du positif sur ce qu'elle diffuse en étant particulièrement attentif pendant quelque temps à ce qu'elle partage en ligne. Il existe sur la plupart des réseaux sociaux des alertes ou des « mises en Une » permettant de mieux voir dans son fil les contenus postés par un utilisateur donné, c'est le moment de les utiliser pour une veille attentive, bienveillante à visée réconfortante.

## ESSENTIELS À RETENIR

- Garder son sang-froid sans dramatiser ni banaliser ce qui se passe.
- Sauf si c'est un dérapage de notre part, ne pas supprimer les messages à l'origine de la shitstorm.
- Ne pas culpabiliser, même si nous avons été maladroits nous sommes plus victimes que responsables de la shitstorm.
- Si nous voulons nous expliquer, il faut attendre que la shitstorm soit terminée et le faire à froid, plus tard (on peut juste faire une mise au clair rapide et unique au tout début si nécessaire).
- Ne pas répondre aux messages, ne pas s'exprimer publiquement pendant la crise, couper les notifications, prendre l'air.
- Veiller à documenter ce qui se passe, ou mieux le faire faire par un allié.
- Faire une pause puis quand cela est calmé recommencer à interagir comme d'habitude.
- Ne pas rester seul, se confier à des personnes de confiance, nous avons besoin de leur soutien.
- Relativiser l'importance de cet épisode : il nous touche c'est normal, mais aura très peu d'impact au final.
- Soutenir une victime de trolls est une bonne chose mais qui doit se faire avec finesse et retenue.
- Il faut toujours consulter la victime et tenir compte, avant toute autre considération, de ce qu'elle souhaite ou non.

## TÉMOIGNAGE DE SOPHIE GOURION - BLOGUEUSE FÉMINISTE

*Sophie Gourion est une féministe à talons, tweeteuse, blogueuse et podcasteuse, elle ne mâche pas ses mots et cela ne plaît pas à tout le monde…*

À titre personnel, j'opère la distinction entre un troll et un harceleur. Le troll c'est celui qui pourrit le débat, qui est de mauvaise foi ou qui cherche la provocation pour faire réagir. Exemple, celui qui vient me dire que la place des femmes est à la cuisine quand je poste un article très sérieux sur la répartition des tâches ménagères. Celui-ci, je le laisse monologuer et je suis l'adage « *Don't feed the troll* ». « Discuter avec un troll, c'est comme essayer de jouer aux échecs avec un pigeon. Tu as beau être très fort aux échecs, il arrive, renverse les pièces, chie sur l'échiquier et s'en va avec l'air supérieur comme s'il avait gagné ». Cette citation (dont je n'ai pas trouvé l'auteur) résume très bien selon moi l'inutilité d'échanger avec un troll.

Le harceleur, c'est celui qui répète ses insultes, souvent en meute, menace de mort ou de viol. Ici, on ne parle plus de liberté d'expression mais de délit. La première fois que j'ai été confrontée à ce genre de harcèlement c'est lorsque j'ai publié un article critique à l'égard des professeurs qui se moquaient de leurs élèves sur Twitter. En rallumant mon téléphone, j'ai été confrontée à une centaine d'insultes en tout genre, portant aussi bien sur mon physique que sur ce que j'avais écrit (merde, pétasse, morue, blogueuse sans talent). Toutes provenaient de profs.

Plus récemment, j'ai eu à affronter des harceleurs en meute après avoir lancé la campagne #balancetonforum (une opération visant à dénoncer le cyber-harcèlement organisé par certains membres du forum 18-25 du site jeuxvideo.com). Menaces de mort, de viol, tweets antisémites, insultes, tout y est passé. Cette fois-ci, mes mentions ont explosé. Pour ne pas craquer, j'ai filtré mes mentions, ce qui m'a permis de faire le ménage, ne voyant plus les tweets des personnes qui ne me suivaient pas. J'ai également bloqué les harceleurs et ceux qui les mentionnaient de manière positive.

Et puisqu'Internet n'est pas une zone de non-droit, j'ai rassemblé les éléments pour éventuellement porter plainte. J'ai demandé à des proches de faire des copies d'écran des pires menaces et insultes (n'ayant le courage d'aller tout lire) et suis allée voir mon médecin pour qu'il constate mon état.

On dit souvent que le cyber-harcèlement n'est que virtuel alors que les conséquences sont bien réelles. Cette violence affecte la santé et la vie sociale des victimes, avec la même gravité que les autres formes de violences faites aux femmes. Un rapport du HCE a ainsi démontré que les violences subies par les femmes sur les réseaux sociaux sont massives. 73 % des femmes déclarent en être victimes, et pour 18 % d'entre elles sous une forme grave. Ces violences visent un seul et même objectif : contrôler la place des femmes et les exclure de l'espace numérique.

Pour ma part, j'ai assez mal vécu la réaction de certains proches m'accusant d'imprudence ou de l'avoir indirectement cherché. Un phénomène bien connu, le *victim-blaming*, qui amène notamment à reprocher à une victime de viol sa jupe trop courte.

Il est donc nécessaire d'encore et toujours le répéter : une femme n'est jamais coupable des violences qu'elle subit. Le harcèlement n'est pas virtuel, il a des conséquences réelles. Internet n'est pas une zone de non-droit. Les menaces de mort ou de viol ne sont pas des opinions mais des délits.

# 7

# Comment vivre mieux avec ses trolls ?

Maintenant que nous connaissons les trolls, leur pouvoir de nuisance mais aussi leur utilité, que nous sommes plus au clair sur ce qu'ils provoquent en nous et que nous avons exploré comment les ignorer ou leur répondre, nous allons essayer de mieux vivre leur présence sur les espaces numériques que nous fréquentons au quotidien.

Pour cela deux grandes pistes s'ouvrent à nous :

- L'utilisation d'outils de développement personnel à même de nous permettre de modifier notre perception des trolls.
- Nous mettre dans la peau et la posture d'un troll pour mieux le comprendre de l'intérieur et exorciser en quelque sorte nos appréhensions.

# Le modèle de Brooke

## Le podcast de Clotilde Dusoulier

Pour tout vous avouer, l'idée de ce livre vient de mon habitude d'écouter des podcasts dans mes temps de transports quotidiens, pratique qui permet facilement de rendre très enrichissants des moments qui seraient sinon un peu vides. J'ai découvert il y a quelque temps le très inspirant podcast *Change ma vie*[1] de Clotilde Dusoulier qui explique notamment comment on peut changer notre ressenti et notre façon de réagir par rapport à une situation désagréable. Étant dans une

1. Le site « Change ma vie » de Clotilde Dusoulier : www.changemavie.com

période où ma vie personnelle et professionnelle sont sereines et épanouies, j'ai utilisé avec succès cette démarche pour gérer les soucis causés par mes trolls. C'est en partie le fait de constater à quel point cela a été efficace pour moi qui m'a donné envie de le partager avec vous ainsi que le reste de mon expérience.

Je ne vais pas détailler ici ce que vous trouverez bien mieux expliqué dans les podcasts de Clotilde Dusoulier (disponibles en accès gratuit), mais juste vous résumer rapidement ce que j'en ai compris et comment cela m'a aidé avec les trolls. Après, si cela fait écho pour vous, les podcasts vous permettront de creuser la question et de vous emparer de la démarche. Clotilde Dusoulier s'appuie elle-même sur le podcast de l'américaine Brooke Castillo *The Life Coach School*[1] et ce qu'elle appelle « le modèle de Brooke ». Ce modèle est décrit en détail dans l'épisode 4 du podcast *Change ma vie*.

Ce modèle comporte cinq phases qui éclairent comment passer d'une circonstance à une action (ou une non-action). Il part du principe que les circonstances de la vie sont neutres et que ce sont les pensées qu'elles déclenchent chez nous qui provoquent des émotions qui nous font ensuite agir. Il propose de prendre conscience de cet enchaînement à propos de ce qui nous est pénible ou désagréable et de changer les choses en agissant sur nos pensées. Attention, il ne s'agit pas de simples pensées positives plaquées qui agiraient « miraculeusement », on est dans quelque chose de bien plus subtil que l'idée que l'on se fait de la méthode Coué.

1 Le site "The life coach school" de Brooke Castillo : https://thelifecoachschool.com/ (en anglais).

Dans le contexte qui nous intéresse, les trolls sont en dehors de notre contrôle, nous ne pouvons pas les empêcher de nous adresser un message (au moins la première fois), ni de tenir des propos outranciers, ni de parler de nous « dans notre dos ». Cela ne veut pas dire que l'on ne peut rien faire pour combattre les discours de haine sur le net, nous verrons cela en dernière partie, mais que les trolls sont là, ils font partie de l'écosystème du web et que nous devons faire avec ce qu'ils sont et ce qu'ils font. Nous ne pouvons donc pas compter sur notre action sur les trolls pour changer notre vécu, par contre nous pouvons tenter de modifier nos pensées, pour agir sur les émotions que nous ressentons. En effet, ce modèle repose sur l'idée qu'on agit en fonction de nos émotions, soit pour avoir des émotions agréables, soit pour éviter des émotions désagréables et que ce sont nos émotions qui construisent notre réalité intérieure.

## Les cinq étapes à suivre

Voici concrètement les cinq étapes que Clotilde propose de noter à propos de ce qui nous pose problème.

### Les circonstances

Elles doivent être écrites de façon neutre et sans jugement. Il faut éviter les adjectifs, de façon à ce que n'importe qui puisse être d'accord avec cette description sans surinterprétation possible, telle qu'on pourrait la décrire devant un tribunal. Par exemple ça peut être : « *Quelqu'un m'a adressé un message sur Twitter.* » On ne le qualifie pas, car un message que nous ressentons comme agressif pourrait être jugé humoristique par quelqu'un d'autre par exemple, c'est donc très subjectif.

### La pensée

Là il s'agit de déterminer ce que nous pensons de ces circonstances, la phrase que l'on se dit dans sa tête à ce moment-là, par exemple « *ce message est agressif et insultant, celui qui l'a écrit ne respecte rien !* » Si déterminer cette pensée n'est pas facile, il peut être utile de faire l'exercice du flot de pensées qui consiste à écrire ce qui nous vient à l'esprit sans trop réfléchir à propos de la situation, puis de choisir parmi ce qui sera noté ce qui nous semble le plus proche de notre pensée.

### L'émotion

Puis nous notons l'émotion que cette pensée nous fait ressentir, ici ce peut être de l'agacement, de la colère, de l'indignation, de l'écœurement... Nous pouvons nous aider d'une liste d'émotions, on en trouve facilement sur Internet, car parfois c'est en lisant le mot que nous reconnaissons ce que nous ressentons exactement.

### L'action

C'est ce que nous faisons en réaction à l'émotion, cette action pouvant être une non-action. Ici ça peut être : « *Je ne fais rien et j'essaie de ne pas y penser* », « *Je réponds sur le même mode* », « *Je tente de le raisonner* »...

### Le résultat

Ce sont les conséquences de l'action ou de l'absence d'action sur notre vie. Par exemple : « *je pèse chaque mot des messages que je diffuse* », « *je m'énerve encore plus* », « *je me décourage* », « *je n'ai plus envie d'aller sur les réseaux sociaux* »...

Dans la majorité des cas ? Le résultat vient confirmer notre pensée, ce qui la renforce et fait que la prochaine fois, dans des circonstances similaires, cette pensée se présentera de façon de plus en plus automatique.

## Appliquer la méthode

Ce que propose Brooke Castillo c'est de modifier le résultat en agissant sur quelque chose sur lequel nous avons prise, c'est-à-dire nos pensées. Ce n'est ni simple, ni magique, on ne peut pas remplacer comme ça une pensée par n'importe quelle autre mais on peut décider d'essayer d'en adopter une autre qui nous parle et qui nous correspond mieux.

Prenons un exemple concret qu'on pourrait noter ainsi :

- Circonstances : quelqu'un m'a adressé un message sur Twitter
- Pensée : ce message est agressif et insultant, celui qui l'a écrit ne respecte rien !
- Émotion : colère
- Action : je réponds de façon agressive
- Résultat : je me sens encore plus énervée et je passe aux yeux de mes lecteurs pour quelqu'un qui manque de sang-froid

Nous ne pouvons pas modifier les circonstances qui ne dépendent pas de nous mais nous pouvons agir sur notre pensée, ce qui modifiera notre émotion et par voie de conséquence notre action, et donc le résultat de celle-ci. Pour cela il faut nous poser les questions suivantes : est-ce que cette pensée m'est utile ? Est-ce que je préférerais ressentir autre chose ? Est-ce que le résultat me satisfait ? Et tenter de modifier la pensée en conséquence.

Reprenons notre exemple en modifiant la ligne « Pensée » :

- Circonstances : quelqu'un m'a adressé un message sur Twitter
- Pensée : ce message est agressif et insultant mais je suis capable d'y répondre avec détachement et humour
- Émotion : confiance et amusement
- Action : je réponds avec humour
- Résultat : j'ai amusé mes lecteurs aux dépens du troll, je renvoie l'image de quelqu'un de serein et de confiant ce qui est en alignement avec mes aspirations

L'essentiel est de choisir la pensée que l'on va associer aux attaques de trolls, à toutes ou au cas par cas, comme nous le sentons. Pour que cela fonctionne il faut choisir une pensée qui nous parle et en laquelle nous pouvons vraiment croire.

Quelques exemples possibles :

- Chouette, un message de troll, c'est l'occasion de m'entraîner à répondre de façon adaptée / de détecter les biais cognitifs / de tester ma capacité à rester calme / de sortir mon manuel d'autodéfense pour réfléchir comment répondre…
- Il veut me pousser à bout mais je vais le faire échouer en l'ignorant totalement
- Cette réaction de la part d'un troll est un excellent signe de l'efficacité du message auquel il répond et de l'impact de mon discours sur Internet

Nous pouvons noter la pensée que nous avons choisie sur un post-it (papier ou numérique) et la relire à chaque fois que nous sommes confrontés à un message de troll jusqu'à ce qu'elle devienne familière et remplace automatiquement la pensée qui nous venait auparavant.

Personnellement, et parce que j'ai un tempérament résolument optimiste, j'aime toujours interpréter en positif, choisir une pensée qui me valorise, cela ne peut me faire que du bien et ne nuit à personne. Quand un troll lâche prise, je me félicite d'avoir bien géré la situation, s'il s'acharne je suis satisfaite de l'énerver à ce point et l'interprète comme un bon signe. Si je m'exprime et que les trolls m'ignorent je profite du répit ainsi offert et s'ils rappliquent en masse je me dis que je suis dans le vrai en soulevant cette question. Cela ne m'empêche pas de chercher à m'améliorer mais je prends avant tout en compte mon état intérieur en cherchant la sérénité qui me permet de continuer à être moi-même sur les réseaux en défendant ce qui me tient à cœur et en me permettant aussi des messages futiles et plus personnels quand j'en ai envie. Si les trolls utilisent pour se moquer de moi ces messages plus personnels, je sais (parce que je le pense vraiment) qu'ils se ridiculisent eux-mêmes en recourant à des moqueries ou à des attaques indignes. Tout cela se vérifie aisément au travers des messages de soutien reçus lors des attaques de trolls et dans les échanges IRL que j'ai régulièrement avec mes contacts. Et, cerise sur le gâteau, chaque attaque un peu sérieuse, parce que massive ou particulièrement violente, augmente significativement le nombre de gens qui me lisent. De plus, les trolls augmentent mon « capital sympathie », je rencontre régulièrement des gens très empathiques qui me disent avoir lu ce que les trolls disent de moi et se demander comment je supporte cela. Et bien justement, parce qu'au fond, cela, même si c'est désagréable sur le coup, s'avère très positif. En quelque sorte, mes trolls me font de la publicité en s'attaquant à moi, tout comme je m'intéresse aussi à leurs autres victimes, à ce qu'elles diffusent et que souvent je découvre, grâce à eux, des nouveaux contacts très enrichissants.

Essayer cette méthode c'est l'adopter, elle est assez facile à mettre en œuvre et se révèle extrêmement efficace. Changer de pensée permet de modifier vraiment notre ressenti et donc notre action (ou non action) et donc le résultat. Après quelques mises en pratique, les trolls ne sont plus angoissants / inquiétants / gênants... ils deviennent insignifiants / anecdotiques / intéressants / amusants / utiles.

## Vie en ligne et développement personnel

On n'y pense pas spontanément mais les outils de développement personnel sont particulièrement intéressants à mettre en œuvre dans le cadre de nos activités numériques pour plusieurs raisons.

S'approprier de nouveaux comportements, des habitudes pour une vie plus sereine, est possible à la condition que nous passions à l'action. La plupart des gens lisent avec intérêt des livres de développement personnel sans parvenir à appliquer ces conseils à leur vie. Mettre en œuvre ce qui y est décrit est difficile, cela nous met mal à l'aise, nous paraît souvent artificiel et forcé, alors nous n'osons même pas essayer ou abandonnons très vite... En ligne, où on n'est pas en face-à-face avec les autres, où on a le temps de réfléchir à la façon de répondre à une sollicitation, nous nous sentons moins exposés et c'est idéal pour se lancer. Les hésitations, le côté « manque de naturel », voire le recours au livre pour se remettre en mémoire le conseil que l'on veut appliquer, restent invisibles à nos interlocuteurs. Gageons ensuite que de nouvelles stratégies, testées avec succès en ligne et intégrées peu à peu à nos habitudes, se transféreront plus facilement dans nos rapports IRL.

Nous pouvons par exemple nous appuyer sur les célèbres *Accords Toltèques*[1] pour gérer nos échanges en ligne avant de tenter de les étendre à notre vie *offline*.

Ces quatre accords sont les suivants :

- Que ta parole soit impeccable
- Ne réagis pas de façon personnelle
- Ne fais pas de supposition
- Fais toujours de ton mieux

Je ne développe pas ici ces accords et vous renvoie au livre et aux nombreux articles en ligne que l'on peut trouver sur le sujet, mais nous voyons bien, rien qu'en les énonçant, qu'ils sont tout à fait en lien avec notre thématique si l'on ne souhaite pas se comporter comme un troll et pour réussir à leur faire face avec détachement.

### Exercice

**Écouter au moins l'épisode quatre du podcast *Change ma vie* de Clotilde Dusoulier et d'autres sans modération si le cœur nous en dit... Tester le modèle de Brooke sur nos petits ou plus gros tracas en incluant le prochain troll qui pointera le bout de son clavier dans notre espace numérique ! Au moins les premières fois, il est recommandé d'écrire les étapes jusqu'à ce que le modèle s'automatise.**

1. RUIZ Miguel, *Les Quatre Accords toltèques : la voie de la liberté personnelle*, Jouvence Éditions, 2013

## ESSENTIELS À RETENIR

Le modèle de Brooke ne relève pas de la pensée magique, il faut pour l'utiliser respecter ces 5 étapes :

- Décrire les circonstances de façon neutre
- Repérer la pensée que ces circonstances déclenchent en nous
- Nommer l'émotion que cette pensée engendre
- Observer l'action (ou la non-action) qui s'ensuit
- Évaluer le résultat produit par notre (non) action

Pour changer le résultat :

- Il faut agir sur ce sur quoi nous avons prise, donc nos pensées
- Choisir une pensée qui nous convient, qui nous parle, en laquelle nous pouvons croire
- Cette pensée alternative va générer d'autres émotions
- Notre action va alors être différente et alignée avec notre état d'esprit
- Nos échanges en ligne sont un terrain idéal pour une première mise en pratique des conseils de développement personnel.

Voyons maintenant une autre façon de mieux vivre avec ses trolls, cette proposition est un peu extrême et peut s'avérer risquée, mais elle est néanmoins intéressante et très instructive… Il s'agit d'expérimenter nous-mêmes le rôle de troll !

## SE METTRE À LA PLACE DE SES TROLLS

Nous sommes tous quelque part, à un moment ou à un autre, le troll de quelqu'un d'autre. Cela peut être parce que nous l'agaçons, parce que nous sommes en vif désaccord, parce que nous le mettons face à ses contradictions, parce que nous intervenons pour lui d'une manière brusque et inattendue… Tant que cela ne devient pas un mode de fonctionnement quasi unique et permanent, nous ne sommes pas à proprement parler un troll mais nous endossons *le rôle* du troll. Cela peut être très ludique et servir de défouloir, attention néanmoins à ne pas se choisir une victime trop fragile ou sensible, nous sommes bien placés pour savoir que le trolling peut perturber quelqu'un et même le faire souffrir.

Évitons donc de jouer au troll avec le petit nouveau qui débarque ou avec quelqu'un de sensible, prenons un vieux loup de mer du web à la peau dure ou mieux, un troll, un vrai !

Se mettre dans la peau du troll est une excellente façon de sentir de l'intérieur à quel point cet exercice peut être jubilatoire et comme on oublie facilement qu'il y a de l'autre côté de l'écran un être humain qui peut mal vivre ce moment. Donc, sans en abuser et en prenant garde de ne pas glisser du côté obscur de la force trollesque, s'y essayer, au moins une fois, est une expérience des plus instructives !

### Exercice

Choisissons un troll ou un vrai casse-pieds et trollons-le ! Soyons incisif, insistant, usons sans complexe de mauvaise foi, de biais cognitifs et de formules chocs. Déterminons une durée maximum qui nous semble raisonnable. Notons ensuite l'effet que cela a produit sur nous et essayons de déterminer ce que notre victime a pu ressentir…

Ce genre d'exercice nous plaît-il ou nous met-il mal à l'aise ? Tentons de déterminer pourquoi.

Choisissons ensuite dans quelles circonstances nous aurions envie de renouveler l'expérience ou pourquoi nous ne souhaitons plus nous prêter à ce genre d'exercice.

## TÉMOIGNAGE DE DIANE

*Diane est active sur Twitter, son compte est très suivi, par plusieurs dizaines de milliers de followers, elle milite pour différentes causes : féministe, LGBT+, lutte contre l'extrême droite… Elle ne souhaite pas ici révéler son identité pour ne pas armer contre elle les trolls qui s'en prennent très régulièrement à son compte.*

En résumé, ma « gestion des trolls » est précisément de ne pas les gérer en tant que tels : je m'en sers pour autre chose parce que je trouve qu'en soi ça ne sert à rien (on n'éduque personne, on ne convainc personne dans ce type d'interactions, on ne renverse l'avis de personne). Par contre les faire tourner en bourrique pour divertir mes lecteurs a un certain charme… Il y a un élément important auquel il faut faire attention, et qui dépend de la maturité qu'on a sur ce type de réseaux, c'est le syndrome du « *je veux avoir le dernier mot* » ou bien « *on me regarde, je ne peux pas me permettre de laisser le beau rôle à tel troll* ».

Selon le degré de nocivité ou d'intrusion, je mets en sourdine ou je bloque les importuns. Si j'estime que ça peut en valoir le coup, je fais quelques réponses minimales sans m'éterniser car ayant beaucoup d'abonnés ça met tout de suite un coup de loupe sur l'échange. Et dans un certain nombre de cas, je prends le temps de jouer avec tel ou tel ou de l'afficher. Ceci peut être dans le but de susciter les signalements si le propos le mérite vraiment (surtout si c'est spécialement odieux, ou bien si c'est l'occasion éventuelle de faire sauter un compte qu'on voudrait bien voir disparaître). En d'autres occasions j'affiche un troll parce que ça va être l'occasion d'un bon mot et de divertir le public.

Une option pour jouer avec les trolls (mais qui correspond aussi à une façon de rebondir sur telle ou telle actu) est de faire semblant d'avoir compris autre chose que ce que la personne voulait dire, ou bien de recontextualiser à mon avantage. C'est assez déloyal mais efficace quand on peut compter sur un public complice qui comprend le décalage.

Autre stratégie, faire appel à mes abonnés. En général c'est mal d'envoyer une meute aux fesses de quelqu'un mais je m'y risque si je perçois quelqu'un de particulièrement malintentionné. Pour cela le nombre d'abonnés joue, quand j'en avais bien moins je ne procédais pas de cette façon. Tenter de faire tourner en bourrique certains trolls, cela m'a toujours amusée, mais compter sur l'intervention de tiers demande un grand nombre d'abonnés.

Il y a aussi le personnage qu'on joue qui rentre en ligne de compte. Je ne vois pas Diane comme une « justicière » mais certains semblent lui accorder ce statut-là, alors parfois je m'amuse à faire ça même si j'en vois la totale futilité.

Dans tous les cas, j'entre assez peu dans le vif du sujet ou dans des argumentations avec les gens, je m'en sors toujours par des formules rhétoriques, à nouveau parce que je considère que ça ne sert à rien, en tout cas pas avec de parfaits inconnus : on a autre chose à faire de son temps. Être d'une certaine façon inutilement à cheval sur les mots, les retourner, ou en rester à des formules, permet d'engluer l'autre dans le langage.

8

# Vous êtes parent, comment aider votre enfant face aux trolls ?

## Enfants et adolescents sont peu concernés par les trolls

Tout d'abord les enfants et adolescents ne sont que très rarement en contact avec des trolls, ils fréquentent essentiellement des camarades de leur âge sur les réseaux sociaux et ne sont pas, pas encore, des militants susceptibles d'attirer des trolls. Ils peuvent néanmoins être confrontés à des messages inappropriés : agressifs, sexuellement explicites… ils peuvent aussi être victimes de harcèlement.

## Accompagnement et prévention

Avant tout faites-vous confiance et faites confiance à votre enfant, vous avez l'un et l'autre toutes les ressources pour gérer ces situations qui ne sont pas fondamentalement différentes ni plus graves lorsqu'elles se déroulent en ligne (ni à balayer d'un revers de main car « virtuelles » !). Un climat d'écoute et de dialogue installé très tôt dans la petite enfance est la meilleure des préventions. À chaque nouveau pas de votre enfant sur Internet, indiquez-lui clairement que vous lui demandez de vous signaler tout ce qui pourrait le mettre mal à l'aise : image, vidéo, propos lu, situation pas claire… Cette habitude de parler de tous ces petits – ou plus gros – malaises qui peuvent survenir en ligne est vraiment essentielle. Veillez à ne pas porter de jugement et à toujours le féliciter quand il vous rapporte quelque chose. Sans banaliser ni dramatiser, soyez à l'écoute de ce qu'il perçoit et ressent, prenez-le au sérieux et avec empathie. Aidez-le ensuite à trouver sa propre réponse et à la tester, puis faites le point sur les résultats obtenus ou non. Il est parfois difficile de ne pas plaquer nos ressentis et nos peurs, de ne pas intervenir nous-mêmes à sa place mais c'est pourtant primordial. C'est parce qu'il aura eu l'expérience d'avoir réussi à trouver des solutions lui-même, même si ce n'est pas toujours du premier coup, qu'il sera suffisamment confiant pour affronter efficacement les trolls et les discours de haine en ligne.

Vous pouvez bien sûr évoquer avec lui les différents types de réponses possibles présents dans cet ouvrage et lui parler du modèle de Brooke si cela vous semble opportun et adapté.

Pour les cas de harcèlement précisément, je recommande vivement l'ouvrage d'Emmanuelle Piquet *Je me défends du harcèlement*. Il est très bien fait, totalement adapté aux enfants et peut être proposé en prévention, en dehors même de tout problème qu'ils rencontreraient.

Agissez avec votre enfant/votre adolescent concernant ses activités en ligne comme vous le faites avec ses activités hors ligne. Négociez avec lui ce qui vous semble possible d'autoriser, nécessaire de restreindre ou d'interdire en écoutant ses demandes, en déterminant avec lui ses besoins mais en posant évidemment les limites qui vous semblent raisonnables. Tout comme vous le laissez aller seul acheter du pain, puis sortir dans le quartier avec des copains, gérer ses trajets école-maison, sortir le soir… de façon progressive, il pourra de la même façon être de plus en plus autonome et en confiance dans les espaces en ligne. Toujours comme IRL vous recommandez à votre enfant de ne pas parler aux inconnus dans la rue et de ne rien accepter de leur part, vous lui demanderez de ne pas exposer en ligne des informations personnelles trop précises et de ne pas parler avec n'importe qui de n'importe quel sujet.

Pour avoir une vision plus juste de ce qu'il vit en ligne, surtout si vous y êtes vous-mêmes peu présent ou pas dans les mêmes espaces, prenez le temps de parler avec lui de ses activités sur Internet, demandez-lui de vous expliquer et de vous montrer. Des instants partagés avec votre enfant autour des écrans sont essentiels pour que le sujet ne devienne pas tabou, ni anxiogène. Vous pouvez aussi tout à fait montrer, de façon adaptée à l'âge et à la sensibilité de votre enfant, ce à quoi vous êtes vous-même confronté en ligne pour qu'il mesure mieux certains désagréments possibles et se sente plus à l'aise pour vous en parler le cas échéant.

Attention à éviter la tentation, faussement rassurante, d'interdire à votre enfant toute activité en ligne, cela risque de le pousser à y être « dans votre dos » et alors il ne pourra pas se confier à vous en cas de problème et il n'aura pas bénéficié de vos conseils. S'il attend sagement d'être « assez grand » et se retrouve d'un coup confronté aux espaces numériques sans avoir eu un apprentissage progressif, les erreurs, maladresses et dérapages sont plus probables. De plus, il risque de se trouver coupé socialement de ses camarades et paradoxalement cela peut l'exposer davantage à du harcèlement IRL. Tout est donc une question de dosage entre bénéfices et risques, demandes et besoins à adapter finement à votre enfant en tenant compte de son âge bien sûr mais aussi de sa personnalité, de ses forces et fragilités, de sa maturité… Le livre de Laurence Bee *Mon enfant dans la jungle des réseaux sociaux* et son site internet *Parents 3.0* apporte des éléments très utiles pour aborder l'accompagnement de nos enfants et adolescents sur Internet.

# ESSENTIELS À RETENIR

- Prévenir les éventuels soucis en étant dans un dialogue confiant.
- Être à l'écoute des petits et plus grands tracas sans minimiser ni dramatiser.
- Laisser notre enfant trouver et tester ses propres solutions.
- L'accompagner dans ses activités en ligne comme dans celles hors ligne.

## TÉMOIGNAGE DE STÉPHANIE TAMBURINI

*Stéphanie Tamburini a un fils de dix-sept ans, Arnaud, et une fille de treize ans, Annaëlle; voici comment elle les accompagne dans leurs activités en ligne pour qu'ils soient en confiance et en sécurité.*

Mes deux enfants de dix-sept et treize ans sont comme tous les adolescents : Internet fait partie de leur vie entre réseaux sociaux, jeux en ligne et sites de vidéos. Et moi, comme tous les parents, je suis soucieuse de leur sécurité sur le Net... Mais sans paniquer.

Je ne suis pas une adepte du contrôle parental, difficile à configurer efficacement. Quand ils ont commencé à utiliser Internet, sur l'ordinateur familial ou avec celui fourni par le collège, j'ai donc plutôt opté pour une surveillance directe, méthode sans doute un peu intrusive mais justifiée par leur jeune âge. Et puis en grandissant et avec l'usage croissant du téléphone portable, le temps est venu de leur laisser un peu plus d'autonomie, en les « éduquant » au maximum sur les précautions à prendre.

Lors de l'inscription sur les réseaux sociaux, j'ai paramétré leurs comptes de la manière la plus restrictive possible. J'ai aussi veillé à ce qu'ils ne diffusent pas leur photo, ni d'informations personnelles qui auraient permis de les localiser ou de laisser deviner leur âge, en leur expliquant pourquoi cette précaution était nécessaire.

Sans tomber dans la paranoïa, je les ai alertés sur le risque à accepter dans leurs réseaux des personnes inconnues, et plus encore à engager un dialogue avec elles. Ils savent aussi qu'au moindre doute sur l'identité réelle d'une personne ou à la moindre gêne sur certains propos, ils doivent m'en parler. C'est ce qu'a récemment fait mon fils, alors qu'un membre de son équipe dans un jeu en ligne insistait pour discuter en privé, avec webcam...

Et je les incite à s'assurer régulièrement, notamment sur les réseaux sociaux, qu'ils ne font l'objet d'aucune critique ciblée ou harcèlement.

Je ne veux pas qu'ils aient peur de tout et de tout le monde, mais juste qu'ils ne fassent pas confiance trop facilement, un peu comme dans la vraie vie, en somme ! C'est d'autant plus important pour mon fils, autiste Asperger, qui ne détecte pas toujours très bien l'implicite et les sous-entendus…

Bien que pratiquant beaucoup moi-même Internet et les réseaux sociaux, je demande régulièrement à mes enfants de me montrer les dernières « tendances » du Web pour me permettre d'en évaluer les risques, autant que possible. Et du même coup, l'usage d'Internet devient moins solitaire et donne lieu à des moments de partage en famille !

D'ailleurs, je reste convaincue qu'on ne peut efficacement alerter ses enfants sur les dangers du net que si on en a soi-même une vision concrète, et pas seulement fondée sur des peurs irraisonnées ou des fantasmes. C'est, je crois, ce qui me permet d'aborder sereinement ces sujets avec mes ados !

# 9

# Comment combattre les discours de haine ?

En fait, ce qui nous dérange le plus chez les trolls c'est leur propension à se montrer agressifs, voire insultants et haineux. Mais, est-ce que tous les propos problématiques sur le net sont le fait des trolls ? Il semblerait que non, il existe des internautes tenant des discours agressifs, racistes, sexistes, homophobes, haineux, qui ne se comportent pas pour autant comme des trolls. Avec eux, nous pouvons espérer un dialogue possible et tenter de les faire évoluer, au moins dans leur façon d'exprimer les choses. Par ailleurs, au-delà des problèmes que peuvent nous causer les trolls nous pouvons aspirer à contribuer au combat contre les discours de haine en ligne. Que recouvre cette appellation « discours de haine » ? Comment les contrer qu'ils viennent de trolls ou de non-trolls ? Comment participer à une expression plus positive et apaisée en ligne ? C'est ce que nous allons tenter d'explorer dans ce dernier chapitre.

## DE QUOI PARLE-T-ON ?

Définir ce qu'est un « discours de haine » n'est pas chose aisée. La définition de Wikipédia est la suivante : « Un discours de haine (ou "discours haineux", "discours de la haine"), le plus souvent utilisé sous le terme anglophone "*hate speech*", désigne un type de discours qui attaque une personne ou un groupe de personnes sur la base de caractéristiques diverses (race, âge, sexe, orientation sexuelle, religion, etc.). »

Selon une publication de l'UNESCO[1] sur le sujet : « On emploie toujours communément les mots "discours de haine" en tant que terme générique, alors qu'ils mettent sur un même plan des propos qui menacent concrètement la sécurité d'individus ou de groupes et des messages dans lesquels des individus ne font que laisser libre cours à leur colère contre l'autorité. »

Les discours de haine sont donc des messages violents ou appelant à la violence contre des personnes ou des groupes de personnes. Ils incitent à causer du tort à autrui ou encouragent l'installation d'un climat favorisant les préjugés, l'intolérance et les discriminations. On peut aussi considérer que les discours de haine englobent les insultes et plus largement les propos désobligeants tenus en ligne à l'encontre des personnes au pouvoir, ou d'influents. La publication de l'UNESCO précise que « bien qu'il échappe à des définitions claires, ce terme [discours de haine] peut être identifié par approximation au travers des fonctions dégradantes ou déshumanisantes qu'il remplit. »

Le recours aux discours de haine est souvent justifié par leurs auteurs avec deux arguments :

- Ils ne sont libres de s'exprimer que sur Internet
- Seul un discours choquant et radical est à même d'avoir un impact

En résumé, selon eux, ils n'auraient pas d'autre choix !

1. GAGLIARDONE Iginio, GAL Danit, ALVES Thiago & MARTINEZ Gabriela, *Combattre les discours de haine sur internet*, Éditions UNESCO, « UNESCO sur la liberté de l'Internet, disponible sur http://unesdoc.unesco.org. http://www.med-media.eu/.

Il n'est pas aisé de savoir quels impacts hors ligne ont les discours de haine tenus en ligne. Avant de chercher comment agir efficacement contre les discours de haine, il faut d'abord essayer de comprendre d'où ils viennent.

## D'OÙ VIENNENT LES DISCOURS DE HAINE ?

On a le sentiment que le discours de haine est incontrôlable et qu'il est généré par Internet, causé par les effets de désinhibition décrit par Suler (voir chapitre 1). En fait, ce n'est pas Internet qui produit le discours de haine, mais Internet permet que des communautés avec des normes différentes accèdent à des discours qui leur étaient inconnus auparavant. Nous avons grâce à Internet, à portée de clic, des propos qui existaient avant mais n'arrivaient pas jusqu'à nous. Si nous ne sommes jamais allés à une réunion du Klu Klux Klan, avant Internet nous ne connaissions pas les propos de leurs membres, avec Internet ils sont désormais accessibles et peuvent faire irruption dans notre espace numérique. Aujourd'hui, les discours franchissent les frontières entre communautés. Cela est le cas pour les discours de haine mais aussi pour les messages d'ouverture aux autres, de tolérance et de paix. Cette ouverture a des conséquences complexes, elle n'est pas qu'un risque, c'est aussi une opportunité à saisir !

On entend souvent évoquer « la bulle filtrante » dans laquelle nous avons tendance à nous enfermer sur les réseaux sociaux avec l'aide d'algorithmes qui trient notre fil et nous font des recommandations, mais nous sommes tout de même exposés à des contenus beaucoup plus variés qu'avant. Nous voyons régulièrement apparaître dans les fils de nos réseaux sociaux par exemple les couvertures de *Charlie Hebdo* même si nous n'apprécions pas ce type d'humour ; nous sommes amenés à cliquer sur le lien d'un article du Figaro sur un sujet qui nous préoccupe même si nous ne lisons jamais ce journal en version papier et n'allons pas sur son site pour nous informer… Cela fait que les canaux par lesquels nous arrivent des informations se sont diversifiés au-delà de nos choix et de nos goûts spontanés. De la même façon, des discours que nous n'avions jamais captés auparavant arrivent jusqu'à nous et sont disponibles en quelques clics si nous voulons les trouver.

## Les trolls ne sont pas l'essentiel du problème

En effet, ils focalisent notre attention en s'attaquant directement à nous mais ils ne sont que la partie émergée de l'iceberg. Les personnes qui diffusent un discours haineux sur Internet, souvent de façon intermittente, ne sont pas toutes des trolls, loin de là. Nous sommes infiniment plus nombreux à ne pas produire de discours de haine. Mais là encore ce sont ces discours qui nous frappent, qui buzzent, qui sont visibles et nous nous sentons impuissants devant leur omniprésence et leur force. IRL, l'immense majorité des gens se comporte de façon sinon respectueuse, du moins civile ; en ligne les phénomènes de désinhibition libèrent une expression violente. C'est une opportunité sans précédent de prendre conscience que cette violence existe et de chercher comment, chacun à son niveau peut tenter de la diminuer.

## Que peut-on faire ?

Cette question est délicate car il n'est bien sûr pas question de se poser en censeurs des propos qui nous dérangent ou avec lesquels nous ne sommes pas en accord. On ne peut, ni ne doit, comme le font certains trolls, guetter les expressions contraires à nos idées et en attaquer systématiquement les auteurs. Mais, pouvons-nous pour autant nous permettre de laisser passer sans réponse, sans réaction même indirecte, et sans nous poser de questions sur notre impact en ligne, des propos racistes, sexistes, violents, intolérants… ? Il y a un équilibre à trouver entre l'interventionnisme acharné et l'indifférence feinte. De plus, il est intéressant de savoir quels types de discours de notre part peuvent être éventuellement efficaces pour contrer les discours de haine.

### Les réponses juridiques et les signalements

Les discours de haine, dans leur grande majorité, sont illégaux en France. La liberté d'expression est limitée par des règles que de nombreux internautes outrepassent largement : insultes publiques, diffamations, appels à la violence, propos discriminatoires, harcèlements… On ne peut en tant que simple citoyen porter plainte pour chacun d'eux, c'est long, complexe et coûteux. Nous sommes nombreux à nous lasser de faire des signalements aux plateformes quand on sait que la réponse va être la plupart du temps, même pour des propos très violents, « *nous n'avons pas constaté d'infraction au regard de nos conditions d'utilisation* ». En effet, ces conditions d'utilisation se réfèrent le plus souvent à la loi américaine, plus permissive. De plus, les signalements ne sont pas forcément traités par un être humain mais par un algorithme qui peut donc faire l'impasse sur une référence ou un implicite pourtant extrêmement violent.

Continuer de signaler n'est pas forcément inutile dans le sens où cela montre les limites du traitement des signalements et informe quand même les plateformes que les problèmes sont nombreux. Et puis, parfois, un signalement est suivi d'effet...

Nous pouvons aussi en France signaler à Pharos[1] (Plateforme d'Harmonisation, d'Analyse, de Recoupement et d'Orientation des Signalements) des propos relevant de la pédophilie et de la pédopornographie, l'expression du racisme, de l'antisémitisme et de la xénophobie, l'incitation à la haine raciale, ethnique et religieuse, le terrorisme et apologie du terrorisme, et enfin ce qui concerne l'escroquerie et arnaque financières utilisant Internet. De façon nominative ou anonyme, on peut en quelques clics signaler ce type de propos sur Internet qu'ils soient tenus sur des sites, blogs, forums, tchats, réseaux sociaux, etc. Ensuite, les services compétents sont alertés et une procédure est éventuellement enclenchée.

Cependant les réponses juridiques aux discours de haine ont des limites, elles sont biaisées par les liens qu'il peut y avoir entre l'État et la justice ; par exemple en Afrique du Sud pendant l'apartheid, était considéré comme un « discours de haine » toute remise en cause de la suprématie des blancs. De plus, tous les discours de haine ne relèvent pas d'une infraction à la loi, certains propos attisent et diffusent un climat haineux sans être en eux-mêmes légalement répréhensibles. Cependant s'il est de notre devoir de signaler les discours de haine, la réponse juridique ne dépend que peu de nous individuellement ; voyons donc ce que nous pouvons chacun faire d'utile à notre niveau. Comme ces solutions sont proches de ce que nous avons vu

1. Plateforme Pharos : www.internet-signalement.gouv.fr.

précédemment pour faire face aux trolls, nous sommes déjà en possession de quelques pistes… Ce qui diffère fondamentalement, c'est que le discours de haine ne venant pas forcément d'un troll, on peut espérer avoir un impact sur l'émetteur lui-même, qui peut éventuellement prendre conscience de son « dérapage » voire l'admettre.

## Ne pas contribuer à répandre le discours de haine

Cela paraît évident et pourtant nous sommes nombreux à l'avoir déjà fait ! En effet, nous avons tendance, dans l'intention de « dénoncer », à répercuter les messages qui nous choquent sur la toile. Ce faisant nous contribuons à les faire connaître et participons au buzz, qui même négatif, fait gagner en notoriété celui ou ceux à l'origine du message. Montrer même pour combattre c'est diffuser, faire connaître et cela participe de la banalisation des discours de haine. Donc avant toute diffusion publique d'un discours haineux, prenons le temps de bien peser ce risque au regard des éventuels bénéfices espérés. Parfois, ne pas montrer, ni donner le lien vers le contenu problématique ou nommer son auteur est la meilleure façon de limiter la diffusion du message. Si notre audience est grande, le simple fait de répondre à cette personne contribuera à rendre plus visible son discours. En même temps, ne pas réagir c'est aussi problématique… pas simple.

## Se taire c'est laisser faire

Nous l'avons vu, ce qui est vraiment gênant au fond avec les trolls c'est leur discours agressif, violent, intransigeant qui nous sidère et nous fascine à la fois. La consigne *Don't feed the troll* part du principe que si on ne répond pas aux trolls, on ne les alimente pas, ils ne sont plus objet d'attention, ils s'ennuient et vont alors troller ailleurs. Donc au mieux le problème se déplace sans se régler et, selon Susan Benesch en plus, ça ne marche pas vraiment… Susan Benesch est une sociologue américaine spécialiste de l'analyse des violences en ligne et fondatrice du *Dangerous Speech Project* pour le World Policy Institute qui tente de comprendre la propagation des incitations à la violence. Elle a étudié de près les conséquences du *Don't feed the troll* et conclut que ça ne marche pas pour quatre raisons essentielles[1] :

1. Si vous ignorez le troll il ne va pas changer d'attitude pour autant, peut-être avec vous sur la plateforme où vous l'avez ignoré mais il va continuer ailleurs et avec d'autres.
2. On pense que le discours de haine est produit par des gens que nous pourrions appeler des trolls mais des recherches indiquent que plus de la moitié des messages racistes, misogynes, homophobes… viennent de non-trolls. Et de ce fait, répondre à ces gens qui parlent de temps en temps comme des trolls mais n'en sont pas, peut être efficace.
3. Les trolls ne sont pas un groupe homogène réagissant de la même façon, une stratégie qui fonctionne pour se défaire d'un troll ou lui « clouer le bec » ne marchera pas forcément avec un autre troll.
4. Il ne faut pas se focaliser seulement sur celui qui produit le discours de haine mais aussi sur le reste de l'audience, le discours de haine a un impact sur ceux qui le lisent, cela le banalise.

Il faut donc explorer d'autres méthodes que le *Don't feed the troll* pour combattre le discours de haine en ligne, c'est ce

1. *Susan Benesch on Troll Wrastling for Beginners: Data-Driven Methods to Decrease Hatred Online*, vidéo disponible sur YouTube (en anglais).

que nous avons commencé à explorer dans cet ouvrage à travers les multiples façons de répondre possibles. Cela ne veut pas dire que nous devons nous forcer à répondre systématiquement à chaque message de troll mais seulement que l'absence de réponse directe ou indirecte ne peut être une règle de conduite absolue si nous souhaitons contribuer à combattre le discours de haine en ligne.

## Contribuer à changer la norme en ligne

En ligne comme IRL, on peut influer sur la norme tout simplement par notre comportement visible : rester en toutes circonstances courtois, clair et respectueux, ne pas attaquer les personnes mais seulement les idées, ne pas rabaisser l'autre, ne pas être cynique, ne pas utiliser l'humour à des fins de dénigrement… Se montrer à l'écoute, empathique et bienveillant, pesé, mesuré et nuancé sans pour autant se laisser marcher sur les pieds est tout à fait possible et même naturel pour la majorité d'entre nous. Au lieu de nous énerver à cause des trolls, nous pouvons utiliser notre temps en ligne de façon bien plus profitable en diffusant des messages constructifs, en nous concentrant sur les interlocuteurs de bonne foi, en valorisant ceux qui enrichissent les échanges au lieu de les pourrir. Chacun de nous contribue à l'ambiance qui règne sur les espaces en ligne que nous fréquentons. Il ne tient qu'à nous de refuser de rentrer dans les indignations compulsives, de fuir les buzz et les disputes incessantes qui ne font avancer personne ! Nous ne pensons pas toujours assez à partager régulièrement les contenus qui nous semblent intéressants, positifs, éclairants et bienveillants. Le réflexe de l'indignation est souvent premier, pensons aussi et surtout à diffuser et rediffuser ce qui nous inspire, nous rend heureux, nous donne de l'espoir…

## Ne pas laisser dire sans réagir

Le discours de haine ne vient pas forcément de trolls, mais que ce soit le cas ou non, y répondre par des propos « recadrants », posés, rappelant les règles, la tolérance, la loi le cas échéant, permet de ne pas laisser ces propos s'exprimer impunément sans réaction. S'il s'agit d'un troll, il sera peu sensible et même probablement provocateur en retour. Un non-troll peut, quant à lui, prendre conscience qu'il a dérapé, ça vaut le coup d'essayer d'autant qu'une étude menée entre 2014 et 2016 par Susan Benesch et Derek Ruths[1] tend à montrer que cela peut s'avérer efficace. Dans tous les cas, notre réponse envoie clairement le message aux lecteurs – silencieux ou non – que l'on ne peut pas tenir n'importe quels propos en ligne sans craindre des réactions.

## Se mobiliser

Il est aussi possible de se mobiliser activement contre la banalisation de discours problématiques sans pour autant se montrer agressif envers des personnes. Par exemple, des féministes via le collectif Le Groupe F, interpellent systématiquement sur Facebook et Twitter les journaux qui lors de féminicides ou d'agressions de femmes titrent en présentant la victime comme partiellement responsable de ce qui lui arrive. Ce collectif pointe calmement ce que le titre sous-entend et demande au journal de bien vouloir reformuler en lui faisant une suggestion concrète. Le titre est parfois modifié mais ces interventions contribuent surtout à « débanaliser » cette tendance à accuser les femmes

1. BENESH Susan, RUTHS Derek *et al.*, *Considerations for Successful Counterspeech*, 2016 : www.dangerousspeech.org/considerations-for-successful-counterspeech/ (en anglais). Réflexions sur des formes de contre-discours efficaces, disponible sur www.securitepublique.gc.ca/ (description et résultats en français).

victimes et à excuser les hommes agresseurs. Autre exemple, le compte Twitter de *Sleeping Giants FR* prévient les annonceurs dont les publicités se retrouvent sur des sites haineux qu'ils contribuent donc à les financer, le plus souvent à leur insu. Ces interpellations publiques poussent les entreprises concernées à exclure ces sites de leur stratégie publicitaire et cela diminue donc les sources de financement de ceux qui tiennent des discours de haine. Diffuser des messages contrant d'une manière ou d'une autre les discours de haine et leurs auteurs, ou déjà relayer ceux de groupes ou organisations qui les dénoncent est une façon concrète, simple et rapide d'agir.

## ESSENTIELS À RETENIR

- Les discours de haine sont des messages violents ou appelant à la violence contre une personne ou un groupe de personnes, et par extension tous les messages injurieux, agressifs ou intolérants.
- Les discours de haine ne sont pas produits par Internet mais ils y sont plus visibles et plus accessibles.
- Les discours prônant la tolérance et les valeurs humanistes peuvent également être largement diffusés en ligne.
- Les discours de haine ne sont pas produits que par les trolls mais par beaucoup d'autres internautes ne se comportant pas comme des trolls.
- Nous sommes aussi extrêmement nombreux à ne pas diffuser de discours de haine sur Internet.

Que pouvons-nous faire ?

- Penser à signaler sur la plateforme Pharos les propos haineux qui relèvent de la pédophilie, du racisme, de l'antisémitisme, de la xénophobie, de l'incitation à la haine raciale, ethnique et religieuse, du terrorisme et de l'apologie du terrorisme.
- Éviter de diffuser les discours de haine même en voulant les dénoncer.
- Dire à l'émetteur que son discours est haineux pour éviter la banalisation pour les autres lecteurs.
- Nous mobiliser en ligne pour des causes qui nous tiennent à cœur.
- Diffuser nous-mêmes des messages respectueux, empathiques et constructifs contribue à faire évoluer

la norme de la tonalité des messages en ligne positivement.

- Occuper le terrain en partageant ce qui nous tient à cœur, ne pas nous laisser impressionner et réagir si nécessaire.
- Contaminer nous aussi notre audience en diffusant nos valeurs d'ouverture, de tolérance et de respect.
- Rester sereinement qui nous sommes, être présents comme cela nous convient sans nous forcer ni renoncer.
- Écrire ce que nous aimerions lire, partager ce en quoi nous croyons, dire tout haut ce que nous pensons avec calme, respect et fermeté.

## TÉMOIGNAGE DE PHILIPPE ET SA #LIGUE_DES_OPTIMISTES

*Philippe est informaticien, il a la cinquantaine et est à l'origine d'une belle idée pour combattre le discours de haine sur Twitter, sans agresser personne ni « faire la morale » à quiconque.*

Un simple hashtag au grand effet ; ou quand l'idée d'un hashtag positif #ligue_des_optimistes, conduit à la création d'un compte collectif. Twitter est un très bon média de partage mais véhicule souvent beaucoup trop de mauvaises nouvelles et sujets déprimants voire pire de la haine.

Alors en 3 mois a mûri l'idée d'ouvrir un compte dont la seule prétention est d'apporter un rayon de soleil sur cette terre sombre et aride qu'est souvent Twitter en s'appuyant sur ce hashtag (# par la suite).

Quoi de mieux qu'un # pour fédérer une manière d'être sur Twitter ?

Les spécialistes de Twitter ont estimé ce # improbable car trop long et avec des caractères spéciaux. Même si techniquement c'était vrai, cela a marqué sa différence. Et puis avec l'écriture intuitive existant sur les smartphones, une fois enregistré il vient tout seul.

Ce # se veut comme un lieu de vie où on se respecte, où la bonne humeur est de mise et où on vient se ressourcer pour ses loisirs, où on partage de bonnes pensées, citations, mets gourmands, des sourires, des blagues. Le compte associé @LdOptimistes est géré collectivement et bien sûr bénévolement par plusieurs personnes qui se relaient au cours de la journée.

Sa recette est simple : bonjour, bon appétit, bonne journée, après-midi et soirée, quelques pensées et citations toujours positives, de belles images et surtout, surtout les retweets des abonnés qui sont dans le même esprit. Pour cela on s'appuie en premier lieu sur la recherche de notre #, mais nous ne sommes pas sectaires et on RT bien sûr de jolis tweets positifs qui ne le contiennent pas. On évite soigneusement les sujets qui donnent lieu à polémique comme la politique et les religions, d'autres s'en chargent suffisamment.

Le caractère festif est aussi de mise : on souhaite l'anniversaire de nos abonnés fidèles, on fête les prénoms également. Et souvent on célèbre les dates à thèmes qui nous ressemblent telles #journeedusourire ou #journeeducalin par exemple.

Bien sûr, on y croise quelques esprits chagrins qui nous traitent de bisounours voire pire, on y répond parfois avec humour ou pas du tout et en général ils passent leur chemin. Certains tentent d'utiliser le # pour se glisser et faire passer des messages qui ne sont pas dans l'esprit, on les ignore simplement et en général ils n'y reviennent pas.

Le succès du # qui a quand même été à deux reprises en *Trending Topic* (c'est-à-dire en tête du nombre de tweets émis) est aussi dû à la participation de nombreux francophones de Suisse, de Belgique, du Canada et même du Mexique !

Puisse cette expérience, qui va sur ses trois ans, durer longtemps encore.

# Conclusion

Pour conclure je vais en revenir un peu aux trolls car au fond ce livre parle beaucoup plus de nous que d'eux…

Je pense profondément que les trolls sont utiles, ils sont les « monstres » de nos espaces numériques, et ce mot n'est pas choisi au hasard, il vient du latin *monstrum* c'est-à-dire « ce qui montre ». En effet, ils nous montrent quelque chose, ils sont porteurs d'un message ou d'une alerte. Ils nous montrent la violence que nous préférons ignorer, ils nous montrent que nous ne sommes pas seuls et que d'autres pensent et agissent en suivant des modalités différentes. Ils nous montrent que rien n'est acquis et qu'il faut agir ensemble et de façon solidaire pour ne pas les laisser envahir nos espaces numériques de sociabilité. Ils nous montrent enfin que la nature humaine n'est pas forcément reluisante par ce qu'ils se permettent d'exprimer et par les réactions agressives qu'ils déclenchent chez nous. Les trolls sont pénibles, dérangeants, perturbants mais ils nous empêchent de nous endormir, nous poussent à prendre position et à nous battre avec d'autres armes que les leurs. Je pourrais presque finir ce livre en les remerciant pour ce qu'ils m'ont appris sur moi, sur notre société, pour m'avoir donné envie d'écrire, pour m'avoir poussée à militer plus fort… mais non, je n'irai pas jusque-là car ils ne méritent aucun encouragement. Leur existence est inévitable et je plains profondément ceux qui, à un moment ou un autre, endossent durablement ce rôle, plein de haine et d'aigreur, qui fait souffrir – parfois profondément – d'autres personnes et qui ne les rend sûrement pas heureux. N'oublions pas que le troll est un costume, une figure, une posture, mais pas un être humain, une de ses facettes sombre seulement. Je ne sais pas si on peut faire quelque chose pour apaiser les trolls mais j'espère avoir donné dans ce livre quelques clés afin que chacun de nous puisse agir pour lui-même et pour aider les autres internautes remplis de bonne volonté.

Je n'ai pas pu tout détailler dans ce livre, vous trouverez donc des compléments : comptes rendus de lecture, d'autres témoignages et plein d'informations et de liens utiles sur le blog www.dompterlestrolls.fr.

# Repères juridiques

Soyons clairs, vouloir se débarrasser des trolls en faisant appel à la justice est largement illusoire… Même s'ils dépassent très souvent les limites de la légalité, faire appel à la justice est un dernier recours réservé aux cas les plus problématiques.

En effet, le troll est souvent coupable de harcèlement, d'insultes publiques, de diffamations et parfois de menaces ou d'appels à la violence. Quand cela est réitéré ou grave et que les autres moyens (l'ignorer, demander au troll d'effacer son message, le signaler à la modération…) ont été épuisés il est légitime de songer à déposer plainte. À noter que depuis juillet 2018 on peut aussi porter plainte pour « raid en ligne » en cas de shitstorm en vertu de l'article 222-33-2-2 du Code pénal.

Voici quelques repères et conseils si vous en arrivez à cette extrémité.

## Plainte ou main courante ?

Vous êtes décidé, vous allez au commissariat et là on vous suggère plutôt une main courante. Cela est approprié si vous ne souhaitez pas aller jusqu'à la plainte tout de suite mais que vous voulez avoir une trace que vous avez signalé la situation à la police. Cela sera utile dans le cas où elle s'envenimerait et que vous décidez de porter plainte ultérieurement et puis c'est l'occasion d'avoir les conseils de l'officier qui prendra votre déclaration. La main courante ne nécessite pas un fondement juridique, c'est-à-dire une qualification précise de ce que vous reprochez à votre agresseur (insulte publique, diffamation, harcèlement en ligne...), il vous suffit d'indiquer en quoi son comportement nuisible est préjudiciable. Notez bien que la main courante ne déclenche pas d'enquête et que donc l'auteur des faits ne sera pas informé de votre démarche.

Si vous êtes déterminé à déposer plainte, insistez, on ne peut pas la refuser et si c'était quand même le cas, vous pouvez adresser votre plainte directement par courrier au procureur de la République. Même si la plainte est ensuite « classée sans suite » l'auteur des faits sera convoqué, sommé de s'expliquer et mis en garde par rapport aux risques qu'il encourt. Cela peut amener le troll à réfléchir et probablement à vous laisser enfin tranquille. Pour déposer plainte il faudra un fondement juridique que le policier qui vous recevra pourra vous aider à déterminer avec exactitude.

## Quelles informations faut-il apporter ?

Pour déposer plainte, des captures d'écrans des messages du troll suffisent mais elles ne seront pas considérées comme des preuves s'il y a un procès. Pour cela, il faut faire appel à un huissier qui très officiellement fera des captures dont il attestera la véracité. Le constat d'huissier a un coût mais c'est indispensable si on souhaite aller au bout de la procédure. Si les messages en cause ont été effacés par le troll ce même huissier peut éventuellement attester de leur existence en faisant un constat des réponses et des réactions à ces messages.

Si vous n'êtes pas sûr à 100 % de l'identité du troll mais que vous pensez savoir de qui il s'agit, déposez plainte « contre x avec forts soupçons sur… » cela vous évitera le risque d'avoir en retour une plainte en diffamation. Si vous ne connaissez pas l'auteur et que vous portez plainte « contre x », c'est lors de l'enquête que l'anonymat du troll sera levé en faisant appel au service qu'il a utilisé.

## Faut-il prendre un avocat ?

Si vous souhaitez seulement porter plainte pour « marquer le coup » et que le troll en soit informé ce n'est pas indispensable, mais si vous voulez mener la procédure jusqu'au bout cela me semble incontournable. La prescription peut être rapide, trois mois dans la plupart des cas d'injure ou de diffamation à partir de la diffusion du message (par contre c'est six ans dans les cas de harcèlement à compter du dernier fait en date), il faut donc savoir se constituer partie civile à temps, pouvoir relancer la procédure en cas de classement sans suite, déterminer quels sont les constats d'huissier nécessaires… et il peut s'écouler de nombreux mois, voire plusieurs années, entre le dépôt de plainte et le jugement. Votre avocat saura vous conseiller dans vos démarches, vous accompagner et gérer tous les aspects juridiques pour vous.

Il faut donc être déterminé, sûr de soi et prêt à engager des frais d'avocat ou faire appel à une assistance juridique à laquelle vous auriez souscrit dans le cadre d'une assurance.

## Soyez vous-mêmes prudents

En effet, il est facile, surtout quand on est victime de messages agressifs, de se laisser aller en retour à des propos insultants ou diffamatoires sans forcément s'en rendre compte. Soyez très vigilants, vérifiez calmement ce que vous avez écrit et effacez tout ce qui vous paraît inapproprié. Le mieux étant bien sûr de faire attention en amont à ne pas se laisser entraîner dans la surenchère, mais ce n'est pas toujours facile.

# Lexique

**Anonymat** : état de ce qui est anonyme, c'est-à-dire sans nom. En ligne on en distingue une modalité particulière : le pseudonymat.

**Avatar** : image que choisit un internaute pour illustrer sa présence en ligne.

**Biais de raisonnement ou biais cognitif** : il s'agit de schémas de pensée qui altèrent notre jugement de façon systématique en créant des distorsions dans le traitement de l'information.

**CGU** : Conditions Générales d'Utilisation d'un service, c'est-à-dire les règles fixées par le fournisseur du service qui s'imposent à l'usager.

**Cyber-harceleur** : personne qui harcèle, c'est-à-dire qui commet des agissements répétés avec pour intention ou pour effet de nuire à une personne, en utilisant des moyens numériques.

**DM** : *direct message* en anglais, soit message privé en français.

**Digiborigènes** : terme désignant les humains qui peuplent la planète numérique, tous ceux pour qui les espaces numériques sont un espace de vie.

**Drama** : « Faire du drama » se dit de quelqu'un qui met en scène, commente et dramatise les agressions dont il est victime en prenant à témoin ses lecteurs pour se faire plaindre.

**Flamer** : internaute qui aime mettre de l'huile sur le feu pour faire dégénérer les discussions en pugilats.

**Flooder** : internaute qui pollue une discussion en diffusant des messages répétitifs et/ou hors propos.

**GIF** : *Graphic Interchange Format* est un format numérique de fichier image qui permet de stocker plusieurs images dans un fichier pour générer une image animée. Même si tous les GIF ne sont pas animés et si toutes les images animées ne sont pas des GIF, cet acronyme désigne de façon usuelle une image animée.

**Hater** : internaute qui adore détester tout et tout le monde.

**Pharos** : la Plateforme d'Harmonisation, d'Analyse, de Recoupement et d'Orientation des Signalements est un portail officiel français permettant de signaler en ligne à la police des propos relevant de la pédophilie et pédopornographie, l'expression du racisme, de l'antisémitisme et de la xénophobie, l'incitation à la haine raciale, ethnique et religieuse, le terrorisme et apologie du terrorisme, et ce qui concerne l'escroquerie et arnaque financières utilisant internet.

**Pseudo** : abréviation de pseudonyme, appellation que se choisit une personne pour échanger en ligne.

**Pseudonymat** : état de celui qui se présente sous un pseudonyme, c'est-à-dire un nom d'emprunt. En ligne on le différencie de l'anonymat par le fait que le même pseudonyme ou pseudo est utilisé sur différentes plateformes et dans différents contextes ce qui unifie l'identité en ligne de la personne concernée.

**Raid en ligne** : il s'agit d'une attaque massive, souvent concertée, durant laquelle de nombreux internautes envoient chacun un ou plusieurs messages agressif à une seule et même personne (voir aussi shitstorm).

***Shitstorm*** : littéralement « tempête de merde » en français, ce terme désigne de façon familière un raid en ligne (voir ci-dessus).

**Solipsiste** : attitude partant du principe que la conscience propre du sujet est l'unique réalité, les autres consciences et le monde extérieur n'étant que des représentations.

**Spammer** : internaute qui glisse dans les discussions des messages à des fins publicitaires.

**Stalker** : pratiquer le stalking c'est-à-dire espionner et traquer une personne de façon maladive.

**TL** : *Time Line*, ligne du temps, c'est le nom donné sur Twitter à la liste des messages des personnes que l'on suit. Par extension, TL est employé pour désigner l'ensemble des contacts que l'on a sur Twitter.

**Usenet** : c'est un système en réseau de forums créé en 1979 qui est toujours utilisé aujourd'hui. Usenet est organisé autour de groupes de discussion qui rassemblent des articles sur un sujet précis.

**Zététique** : étude rationnelle des phénomènes présentés comme paranormaux, des pseudosciences et des thérapies étranges.

# Bibliographie


Almossawi Ali, *Halte aux arguments fallacieux ! Comment repérer et déjouer les pièges d'une discussion savonneuse*, Larousse 2015.

Bee Laurence, *Mon enfant dans la jungle des réseaux sociaux*, Éditions Tournez la page, 2012. Site : *Parents 3.0* www.parents3point0.com/

Benesh Susan, *Susan Benesch on Troll Wrastling for Beginners : Data-Driven Methods to Decrease Hatred Online*, 25 mars 2014 (vidéo disponible en anglais sur www.youtube.com).

Benesh Susan, Ruths Derek *et al.*, *Considerations for Successful Counterspeech*, 2016 (disponible en anglais sur https://dangerousspeech.org/considerations-for-successful-counterspeech/).

Benesh Susan, Ruths Derek *et al.*, *Réflexions sur des formes de contre-discours efficaces* (rapport à lire sur www.securitepublique.gc.ca/description et résultats en français).

Buckels, E. E. *et al.*, *Trolls just want to have fun*, Personality and Individual Differences, 2014. (PDF en anglais disponible sur : www.sciencedirect.com).

Casilli Antonio, *Les Liaisons numériques : vers une nouvelle sociabilité ?*, Seuil, 2010.

Casilli Antonio, *Pour une sociologie du #troll*, 24/03/2012, disponible à cette adresse : www.casilli.fr/2012/03/24/pour-une-sociologie-du-troll/

CASTILLO Brooke, *The Life Coach School*: https://thelifecoachschool.com/ (en anglais).

DUSOULIER Clotilde, *Change ma vie*: https://www.changemavie.com/

FORD Em, *Troll hunters*, BBC, 2016 (en anglais, disponible sur www.youtube.com).

FRAU-MEIGS Divina, *Faut-il avoir peur des Fakenews ?*, La Documentation Française, 2019.

GAGLIARDONE Iginio, GAL Danit, ALVES Thiago & MARTINEZ Gabriela, *Combattre les discours de haine sur internet*, Éditions UNESCO, Collection « UNESCO sur la liberté de l'Internet », 2015 (disponible sur : http://unesdoc.unesco.org).

GLASS Lillian, *Ces gens qui vous empoisonnent l'existence*, Marabout, 1996.

GOSCINNY René & UDERZO Albert, *La Zizanie*, Dargaud, 1970.

HOSS Fabrice, *Quand la toile tisse la haine*, Maximal Production, 2014, (disponible sur www.dailymotion.com/).

LEROUX Yann, *Psychodynamique des groupes sur le réseau Internet*, thèse 2010.

LIEN Kyrre, *The Internet Warriors*, Visual Curry (livre en anglais). Site : https://theinternetwarriors.com

MAESO Marylin, *Les Conspirateurs du silence*, Éditions de l'Observatoire, 2018.

MARCHE Stephen, "The Epidemic of Facelessness", *The New York Times*, 14/02/2015 (disponible en anglais sur www.nytimes.com/).

NAZARE-AGA Isabelle, *Les Manipulateurs sont parmi nous*, Éditions de l'Homme, 2005.

OEILLET Audrey, *Sadiques et psychopathes : les trolls du Web au cœur d'une étude*, Clubic, 17/02/2014, disponible sur www.clubic.com.

Piquet Emmanuelle, *Je me défends du harcèlement*, Albin Michel Jeunesse, 2016.

Ronson Jon, *La Honte !*, Sonatine Éditions, 2018.

Ruiz Miguel, *Les Quatre Accords toltèques : la voie de la liberté personnelle*, Jouvence Éditions, 2013.

Suler John, *The Online Disinhibition Effect*, CyberPsychology & Behavior, 7, 2004.

France Culture, « Psycho-politique du troll », *Place de la Toile*, 23/04/2012 : https://www.franceculture.fr/emissions/place-de-la-toile/psycho-politique-du-troll

Page Facebook « Un Monde Riant », Album photos *Points biais et sophismes.*

*Online harassment field manual*: https://onlineharassment-fieldmanual.pen.org/ (en anglais)

Site compagnon de cet ouvrage – *Dompter les trolls* : http://dompterlestrolls.fr/

78794 (I) OSB ENSO 80° SOF-API
Dépôt légal : février 2019
Imprimé en Italie par Grafica Veneta S.p.A, Trebaseleghe (PD)